古列女传译注

（西汉）刘向 著
绿净 译注

北京联合出版公司
Beijing United Publishing Co.,Ltd.

目录

卷一　母仪传

卷二　贤明传

卷三　仁智传

卷四　贞顺传

卷五　节义传

卷六　辩通传

卷七　孽嬖传

前　言

《列女传》由西汉刘向所著，刘向（约前77—前6）原名更生，字子政，沛（今属江苏徐州）人。西汉经学家、目录学家、文学家。著有《别录》《新序》《说苑》《列女传》等书，并编订了《楚辞》《战国策》。

《列女传》记载了上古至汉代妇女的历史故事，传记中的女性有的机智聪慧，能言善辩；有的忠贞不贰，坚守节义；也有的淫乱无度，骄奢纵欲。这部著作对后世可谓影响深远，此后许多正史都增设了《列女传》这部分内容。为了便于区分，在后世通行版本中，一般把刘向的《列女传》称为《古列女传》。

关于本书成书目的，宋人王回序云："《古列女传》八篇，刘向所序也。向为汉成帝光禄大夫，当赵后姊娣嬖宠时，奏此书以讽宫中。其文美刺《诗》《书》已来女德善恶，系于家国治乱之效者。"汉成帝时妃嫔嬖宠、外戚专权，刘向编纂《列女传》"戒天子"，想以此达到教化妃嫔，维护礼制并巩固皇权的目的。

这部女性传记既是历来人们了解西汉以前著名女子事迹的重要史料，也对史学家、文学家重视记载女性产生了深远的影响。但《列女传》所反映的思想中，精华与糟粕并存，读者阅读时需辩证理解。

“刘向所著《列女传》原为八篇，为传文七篇及‘颂’一卷，其后或分或合，以八篇为八卷，或八篇合为一卷，或七篇传析为十四卷，合一卷‘颂’为十五卷。至宋，于秘阁之书尤保存有《列女传》，为十五篇。经苏颂整理，合为八篇。因此在宋代，十五、八卷本并存。而曾巩以两书相校，以十五卷为准。至于其后，一卷‘颂’亡佚，后人又合为七卷，增续一卷为八卷，是为今日定本。”（刘园园《刘向〈列女传〉版本考略》）本书因篇目所限，舍卷八《续列女传》，共七卷，分为《母仪》《贤明》《仁智》《贞顺》《节义》《辩通》《孽嬖》。

《列女传》源远流长，历经各代，版本繁杂，并在清代出现了王照圆、梁端、萧道管三家集大成的校注本。本书以由清道光年间的阮本发展而来的通行本为底本，部分字词对照各版本择优而取。本书注译重文意顺畅，简洁通俗，原文各篇章多未分段落，为方便读者阅读，译文根据意思及现代人阅读习惯进行了分段。因作者才力所限，书中难免有错讹。若有不当之处，敬祈指正。

绿净

2013 年 6 月

卷一　母仪传

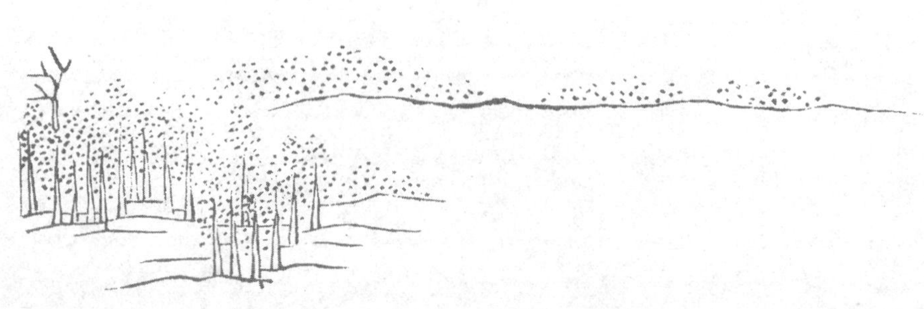

有虞二妃

有虞二妃者[1],帝尧之二女也[2]。长娥皇,次女英。舜父顽母嚚[3]。父号瞽叟[4]。弟曰象,敖游于嫚[5]。舜能谐柔之[6],承事瞽叟以孝。母憎舜而爱象。舜犹内治[7],靡有奸意[8]。四岳荐之于尧[9],尧乃妻以二女[10],以观厥内。二女承事舜于畎亩之中,不以天子之女故而骄盈怠嫚,犹谦谦恭俭,思尽妇道。瞽叟与象谋杀舜,使涂廪[11]。舜归告二女曰:“父母使我涂廪,我其往?”二女曰:“往哉!”舜既治廪,乃捐阶[12],瞽叟焚廪,舜往飞出。象复与父母谋,使舜浚井。舜乃告二女,二女曰:“俞[13],往哉!”舜往浚井,格其出入[14],从掩[15],舜潜出。时既不能杀舜,瞽叟又速舜饮酒[16],醉将杀之。舜告二女,二女乃与舜药浴汪[17],遂往。舜终日饮酒不醉。舜之女弟繫怜之,与二嫂谐。父母欲杀舜,舜犹不怨,怒之不已,舜往于田号泣,日呼旻天,呼父母。惟害若兹,思慕不已,不怨其弟,笃厚不怠。既纳于百揆,宾于四门[18],选于林木,入于大麓。尧试之百方,每事常谋于二女。舜既嗣位,升为天子,娥皇为后,女英为妃。封象于有庳[19],事瞽叟犹若焉。天下称二妃聪明贞仁。舜陟方[20],死于苍梧,号曰重华。二妃死于江、湘之间,俗谓之湘君。君子曰[21]:“二妃德纯而行笃。”《诗》

云："不显惟德，百辟其刑之。"此之谓也。

颂曰：元始二妃，帝尧之女。嫔列有虞，承舜于下。以尊事卑，终能劳苦。瞽叟和宁，卒享福祜。

注释

①有虞yú：部落名。有，语首助词，无实义。虞，即舜，上古帝王名。

②尧：传说中的上古帝王名。

③嚚yín：愚蠢而顽固。

④瞽gǔ叟：瞎老头。

⑤敖游：谓游荡。嫚màn：侮嫚，懈怠，昏昧无知。

⑥谐柔：使合和柔顺。

⑦内治：修身，约束自己。

⑧靡：无，没有。

⑨四岳：四方部落的首领。

⑩妻qì：用作动词，嫁给他为妻子。

⑪涂廪：修补粮仓。

⑫捐阶：移开梯子。

⑬俞：文言叹词，表示允许。

⑭格：阻止，切断。

⑮从掩：接着掩埋。

⑯速：邀请。

⑰浴汪：在水池里洗澡。汪，水池。

⑱纳于百揆kuí，宾于四门：揆，政务，政事。百

揆，众多政务。宾于四门，在都城四门迎宾。

⑲有庳bì：地名。

⑳陟zhì方：巡视，考察。

㉑君子曰：作者的议论。

译文

有虞氏的两个妃子，都是尧的女儿。长女叫娥皇，次女叫女英。舜的父亲顽劣，母亲愚悍。他的父亲被称为瞽叟。弟弟名叫象，倨傲无礼。舜却能跟他们和睦相处，对父亲也很孝顺。母亲不喜欢舜，而喜欢他的弟弟象。舜仍然约束着自己的内心，丝毫没有流露出不满的情绪。

四方部落的首领将舜举荐给尧，尧便将自己的两个女儿嫁给他为妻，以便能观察他的品行才能。尧的两个女儿跟着舜一起到田间劳作，从来不因为自己是帝王的女儿而骄傲怠慢，总是谦逊恭敬，时刻尽妇道。

瞽叟跟象谋划准备杀了舜，先叫他去修理粮仓。舜回去告诉两个妻子说："父母让我去修粮仓，我可以去吗？"二女说道："你去吧！"舜刚爬到粮仓顶端，梯子就被搬走了。瞽叟放火烧粮仓，舜飞速跳下逃出。象又跟父母商量，让舜去挖井。舜把这件事告诉两位妻子，她们说："行，去吧！"舜跳到井里面，象他们把井口堵住，盖起来，舜从里面钻出来逃走了。因一时间杀不死舜，瞽叟又邀舜来饮酒，想等到他喝醉后把他杀了。舜告诉两个妻子，妻子给他一种药，让他在药池里洗澡。舜去了之后，喝了一整天的酒也没有醉。舜的妹妹繫很同情哥哥，和两个嫂子的关系很好。

父母想要杀害舜，舜从不怨恨他们，但父母依然讨厌他。于是舜跑到田间放声大哭，呼唤苍天，呼喊父母。尽管这样，舜仍旧思慕父母，也不怨恨他的弟弟，为人总是笃实厚道。

后来舜担任官职，在都城迎接往来宾客，出入于山林郊野之中。尧用各种方法去考察他。舜每遇到事情总是跟两位妻子商量。他继任为天子之后，立娥皇为后，封女英为妃子，封象到有庳之地，依然勤恳地侍奉瞽叟。天下人都称赞二妃聪慧明智，贞洁仁爱。舜到了边远地方去巡视，在苍梧去世，号称“重华”。二妃也追随他，在江水和湘水一带死去，俗称“湘君”。

君子说：“二妃德纯而行笃。”《诗经》中说：“显扬美德，百君遵奉。”说的就是这个意思。

颂说：最初的两位后妃，都是帝尧的女儿。她们嫁给了舜做妃嫔，照料舜。以尊位侍奉卑微，又勤劳能吃苦。与瞽叟和睦相处，使之终能享受福禄。

弃母姜嫄

弃母姜嫄者[①]，邰侯之女也[②]。当尧之时，行见巨人迹[③]，好而履之[④]，归而有娠[⑤]，浸以益大[⑥]。心怪恶之，卜筮禋祀[⑦]，以求无子。终生子，以为不祥，而弃之隘巷，牛羊避而不践。乃送之平林之中[⑧]，后伐平林者咸荐之覆之[⑨]。乃取置寒冰之上，飞鸟伛翼之[⑩]。姜嫄以为异,乃收以归。因命曰弃。姜嫄之性，清静专一，好种稼穑[⑪]。及弃长，而教之种树桑麻。弃之性明而仁，能育其教，卒致其名。尧使弃居稷官[⑫]，更国邰地[⑬]，遂封弃于邰，号曰后稷。及尧崩，舜即位，乃命之曰："弃！黎民阻饥[⑭]，汝居稷，播时百谷[⑮]。"其后世世居稷，至周文、武而兴为天子。君子谓姜嫄静而有化。《诗》云:"赫赫姜嫄,其德不回，上帝是依。"又曰:"思文后稷,克配彼天,立我烝民。"此之谓也。

颂曰：弃母姜嫄，清静专一。履迹而孕，惧弃于野。鸟兽覆翼，乃复收恤。卒为帝佐，母道既毕。

注释

①弃：即周族始祖后稷之名。

②邰 tái 侯：有邰氏部落首领。

③巨人迹：巨人的足迹。

④好而履之：觉得新奇好玩，就踩上去。

⑤有娠：怀孕。

⑥浸：逐渐，渐渐。

⑦禋yīn祀：古代一种祭祀，后泛指祭祀。

⑧平林：平原上的林木。

⑨荐：铺垫。覆：盖上。

⑩伛yǔ翼：鸟用翅膀覆盖掩护。

⑪稼穑sè：播种与收获，泛指农业劳动。

⑫稷jì官：古代掌管农事的官员。

⑬国邰地：在邰地立国。

⑭黎民阻饥：百姓在挨饿。

⑮时：通“莳shì”，播种。

译文

弃的母亲姜嫄，是邰氏部落首领的女儿。在尧帝当政的时候，一天，她在路上看见巨人的脚印，觉得好奇就踩上去，回家后就怀孕了，肚子渐渐大起来。姜嫄觉得怪异，感到很厌恶，常去占卜祭祀，希望不要把孩子生下来。但最终生了个儿子，她觉得这个孩子不吉利，就把他丢在了陋巷中，牛羊经过的时候都避开这个孩子不踩他。姜嫄把他丢弃到树林里，砍柴的人见到了，都给他铺盖，予以庇护。姜嫄又把他扔到寒冷的冰上，鸟儿飞过来用翅膀掩护他。姜嫄觉得这孩子十分奇特，就将他抱回去自己养，并因此给他取名叫“弃”。

姜嫄的性情清静专一，擅长农活。等弃长大之后，就教他种植桑麻。弃生性聪明仁慈，能接受母亲的教诲，最终成就了他的名声。尧让弃担任掌管农事的官，又在邰地立国，封赏给他，他号称“后稷”。在尧死舜即位后，舜对他命令道：“弃！百姓在挨饿，你是掌管农业的官，去种植各种谷物。”于是弃的后代子孙都承袭掌管农业的官职，到了周文王、武王的时候兴盛了起来，灭掉商朝，成为天子。

君子认为姜嫄娴静又能教化人。《诗经》中说：“姜嫄伟大，品德高尚，上帝眷顾她。”又说：“后稷有文德，和上帝一样伟大，使百姓得到养育。”说的就是这个意思。

颂说：弃的母亲姜嫄，性情清静专一。踩踏巨人脚印而怀胎生子，因恐惧而将孩子遗弃荒野。然而鸟兽都来保护他，于是便将他抱回抚养。最终弃辅佐尧舜，姜嫄完成尽母道的使命。

契母简狄

契母简狄者，有娀氏之长女也①。当尧之时，与其妹娣浴于玄丘之水②，有玄鸟衔卵③，过而坠之，五色甚好。简狄与其妹娣竞往取之。简狄得而含之，误而吞之，遂生契焉。简狄性好人事之治，上知天文，乐于施惠。及契长，而教之理顺之序。契之性聪明而仁，能育其教，卒致其名。尧使为司徒④，封之于亳。及尧崩，舜即位，乃敕之曰："契！百姓不亲，五品不逊⑤，汝作司徒，而敬敷五教⑥，在宽。"其后世世居亳，至殷汤兴为天子。君子谓简狄仁而有礼。《诗》云："有娀方将，立子生商。"又曰："天命玄鸟，降而生商。"此之谓也。

颂曰：契母简狄，敦仁励翼。吞卵产子，遂自修饰。教以事理，推恩有德。契为帝辅，盖母有力。

注释

①有娀sōng：古部族名。

②娣dì：与古代贵族妇女同嫁一夫的妹妹。

③玄鸟：燕子。

④司徒：官名，掌管国家的土地和人民的教化。

⑤五品：五常，指旧时的五种伦理道德。逊：谦逊，恭顺。

⑥敬敷五教：指父义、母慈、兄友、弟恭、子孝五种伦理道德的教育。敷，施行。五教，五常之教。

译文

契母简狄，是有娀氏的长女。在尧帝的时候，有一次简狄和妹娣在玄丘水中洗澡，有只燕子衔着蛋飞过，蛋掉在地上，这个蛋五彩斑斓非常美丽。简狄与妹娣争着去捡。简狄捡到了蛋含在嘴里，不小心吞了下去，不久她就生下了契。简狄喜欢过问人事，知晓天文，乐于布施恩惠。在契长大后，她教导儿子知晓事理，使他顺服于秩序。

契天性聪明仁慈，能够领悟母亲的教诲，最终名扬天下。尧让他担任司徒，将亳地封给他。在尧帝去世后，舜即位，舜命令他说："契！百姓不亲近，五种伦常不和顺，你作为司徒，要谨慎地实行五常的教化，要宽容。"契的后代子孙都居住在亳地，到了殷汤时兴盛起来，成为天子。

君子称赞简狄仁爱有礼。《诗经》中说："有娀之女正在壮年，生下儿子成为商的始祖。"又说："上天命令玄鸟降临，使得简狄生下商的始祖。"说的就是这个意思。

颂说：契的母亲简狄，努力修养仁爱端正之心。吞下鸟卵生下儿子，自己注重修养。教育儿子明事理，推行恩惠美德。契能辅佐天子，简狄很有功劳。

启母涂山

启母者，涂山氏长女也。夏禹娶以为妃。既生启，辛壬癸甲[①]，启呱呱泣，禹去而治水，惟荒度土功，三过其家，不入其门。涂山独明教训，而致其化焉。及启长，化其德而从其教，卒致令名[②]。禹为天子，而启为嗣，持禹之功而不殒[③]。君子谓涂山强于教诲。《诗》云："厘尔士女，从以孙子。"此之谓也。

颂曰：启母涂山，维配帝禹。辛壬癸甲，禹往敷土。启呱呱泣，母独论序。教训以善，卒继其父。

注释

①辛壬癸甲：从辛日到甲日，才四天时间。后来用以指一心为公，置个人利益于不顾的精神。

②令名：美好的声誉。

③殒：同"陨"，坠落。

译文

启母是涂山氏的长女。夏禹娶她为妃。启母生下儿子启才四天，启还呱呱哭泣，夏禹就去治水了，他一心治理水患，三次经过家门都没有进去。涂山氏独自一人教导儿子，使他知晓事理。启长大后，遵从母亲的教导，最终名扬天下。夏禹成为天子之后，立启为嗣，启继承发扬了父亲的功业，而没有使它衰败。

君子称赞涂山氏善于教诲。《诗经》中说："上天赐你做女子，从此子孙绵延。"说的就是这个意思。

颂说：启的母亲涂山，嫁给夏禹。生下儿子才四天，夏禹出门去治水。启呱呱哭啼，母亲独自抚育。教导孩子善行，启最终继承父业。

汤妃有娎

汤妃有娎者[1]，有娎氏之女也。殷汤娶以为妃，生仲壬、外丙，亦明教训，致其功。有娎之妃汤也[2]，统领九嫔，后宫有序，咸无妒媢逆理之人[3]，卒致王功。君子谓妃明而有序。《诗》云："窈窕淑女，君子好逑。"言贤女能为君子和好众妾，其有娎之谓也。

颂曰：汤妃有娎，质行聪明。媵从伊尹，自夏适殷。勤悫治中[4]，九嫔有行。化训内外，亦无愆殃。

注释

①有娎 shēn：部落名。

②妃pèi：婚配。

③咸：普遍都，全部。妒媢mào：亦作"妬媢"，妒忌。

④悫 què：谨慎。

译文

汤妃有娎，是有娎氏的女儿。商汤娶她为妃，她生下了仲壬、外丙两个儿子，也擅长教育，两个儿子都建立了功业。有娎嫁给商汤之后，统领九嫔女官，使后宫井然有序，没有妒忌违理之人，最终使汤成就王业。

君子称赞汤妃有娎明理知序。《诗经》中说："娴静美好的女子啊，正是君子的好配偶。"就是说贤女能够为君子处理好妻妾的关系，说的就是有㜪这样的人。

颂说：汤的妃子有㜪，资质聪明。伊尹是她的陪嫁小臣，从夏到商。勤劳治家，九嫔都有德行。她训导内外，从无过错和灾祸。

周室三母

三母者，大姜[①]、大任、大姒。大姜者，王季之母，有吕氏之女。大王娶以为妃。生大伯、仲雍、王季。贞顺率导[②]，靡有过失。大王谋事迁徙，必与大姜。君子谓大姜广于德教。大任者，文王之母，挚任氏中女也[③]。王季娶为妃。大任之性，端一诚庄[④]，惟德之行。及其有娠，目不视恶色[⑤]，耳不听淫声，口不出敖言[⑥]，能以胎教，溲于豕牢而生文王[⑦]。文王生而明圣，大任教之，以一而识百，卒为周宗。君子谓大任为能胎教。古者妇人妊子，寝不侧，坐不边，立不跸，不食邪味，割不正不食，席不正不坐，目不视于邪色，耳不听于淫声，夜则令瞽诵诗，道正事。如此，则生子形容端正，才德必过人矣。故妊子之时，必慎所感，感于善则善，感于恶则恶。人生而肖万物者[⑧]，皆其母感于物，故形音肖之。文王母可谓知肖化矣。大姒者，武王之母，禹后有莘姒氏之女。仁而明道。文王嘉之[⑨]，亲迎于渭，造舟为梁[⑩]。及入，大姒思媚大姜[⑪]、大任，旦夕勤劳，以进妇道。大姒号曰文母，文王治外，文母治内。大姒生十男：长伯邑考、次武王发、次周公旦、次管叔鲜、次蔡叔度、次曹叔振铎、次霍叔武、次成叔处、次康叔封、次聃季载。大姒教诲十子，自少及长，未尝见邪僻之事。及其长，文王继而教之，卒成武王、周公之德。君子谓大姒仁明而有德。《诗》曰：“大邦有子，伣天之妹[12]，文定厥祥，亲迎于渭，造舟为梁，不显其光。”又曰：“大姒嗣徽音，则百斯男。”此之谓也。

颂曰：周室三母，大姜任姒。文武之兴，盖由斯起。大姒最贤，号曰文母。三姑之德，亦甚大矣！

注释

①大 tài：同“太”，下同。

②贞顺率导：贞顺，忠贞和顺。率导，以自身行为作为表率来训导别人。

③中女：次女。

④端一：庄重专一。诚庄：真诚严肃，诚实庄重。

⑤恶色：邪恶的事物。

⑥敖言：傲慢的话。

⑦溲 sōu：大小便，特指小便。豕 shǐ 牢：本为猪圈，此特指厕所。

⑧肖：像，类似。

⑨嘉：赞美，称道、颂扬事物的美好。

⑩梁：桥梁、浮桥。

⑪媚：爱，喜欢。

⑫伣 qiàn：譬如，好比。

译文

周室三母，指的是大姜、大任、大姒。大姜是王季的母亲，有吕氏的女儿。周大王娶她为妃。她生下了大伯、仲雍、王季三个儿子。她性情忠贞和顺，堪称表率，从没有犯过一丝差错。大王谋划迁徙时都与她商量。君子称赞大姜广施德教。

大任，是文王的母亲，挚任氏的二女儿。王季娶她为妃。大任性情端庄专一，诚挚庄重，言行皆遵循德行。她怀孕后，不看邪恶的事物，不听淫邪的声音，不说傲慢的话，非常注意胎教。后来她在厕所小便时生下了文王。文王生来就明达圣哲，大任教他的东西都能够触类旁通，文王最终做了周朝的始祖。君子认为这是大任实施胎教的结果。古时候妇女怀孕后，睡的时候不侧着身子，坐的时候不偏不歪，站着的时候也不用一只脚站着。不吃有怪味的食物，食物切割得不方正不吃，席位不正的话就不坐，眼睛不看邪恶的事物，耳朵不听放荡的声音，晚上闭眼吟诵诗歌，说正道之事。这样生下来的小孩，一定是形貌端正，才能过人。所以怀孕的时候，一定要注意感受，感受到好的东西，生下的孩子就好，感受到坏的东西，生下的孩子就坏。小孩生下来之后像世间万物，是因为母亲感受到世间外物，所以孩子的形象、声音与事物相像。文王的母亲可以说是懂得这种胎教的道理。

大姒是武王的母亲，大禹后代有莘姒氏的女儿。她仁德且明理。文王欣赏她，娶她为妻，并亲自到渭河边上迎接她，在河上搭起浮桥。大姒嫁到了周室之后，她仰慕大姜、大任，早晚勤于劳作，以尽妇道。大姒号“文母”。文王处理国家政务，文母料理家中事务。大姒生了十个儿子，老大是伯邑考，以下依次是武王发、周公旦、管叔鲜、蔡叔度、曹叔振铎、霍叔武、成叔处、康叔封、聃季载。大姒悉心教诲儿子，他们从小到大，都没有做过邪恶的事情。等到他们长大后，文王继续教育他们，最终成就了武王、周公的德治。

君子称赞大姒仁爱聪明，又有美德。《诗经》中说：“大国有个女子，好似天仙，占卜显示吉祥，文王亲迎于渭水旁。造舟为桥梁，显示了光荣。”又说：“大姒继承了美誉，绵延了子孙。”说的就是她。

颂说：周室的三位母亲，是大姜、大任和大姒。文王、武王兴起，是由此而来。大姒最贤明，被称作“文母”。三位母亲的德行，都是很伟大啊！

卫姑定姜

卫姑定姜者，卫定公之夫人，公子之母也。公子既娶而死，其妇无子。毕三年之丧，定姜归其妇[①]，自送之，至于野。恩爱哀思，悲心感恸，立而望之，挥泣垂涕。乃赋诗曰："燕燕于飞，差池其羽。之子于归，远送于野。瞻望不及，泣涕如雨。"送去，归泣而望之。又作诗曰："先君之思，以畜寡人。"君子谓定姜为慈姑，过而之厚。定公恶孙林父[②]，孙林父奔晋。晋侯使郤犨为请还，定公欲辞。定姜曰："不可，是先君宗卿之嗣也。大国又以为请，而弗许，将亡。虽恶之，不犹愈于亡乎！君其忍之。夫安民而宥宗卿[③]，不亦可乎！"定公遂复之。君子谓定姜能远患难。《诗》曰："其仪不忒，正是四国。"此之谓也。定公卒，立敬姒之子衎为君[④]，是为献公。献公居丧而慢。定姜既哭而息，见献公之不哀也，不内食饮[⑤]，叹曰："是将败卫国，必先害善人，天祸卫国也！夫吾不获鱄也，使主社稷。"大夫闻之皆惧。孙文子自是不敢舍其重器于卫[⑥]。鱄者[⑦]，献公弟子鲜也。贤，而定姜欲立之而不得。后献公暴虐，慢侮定姜，卒见逐走。出亡至境，使祝宗告亡[⑧]，且告无罪于庙。定姜曰："不可。若令无，神不可诬[⑨]。有罪，若何告无罪也？且公之行，舍大臣而与小臣谋，一罪也；先君有冢卿以为师保而蔑之，二罪也；余以巾栉事先君[10]，而暴妾使余[11]，三罪也。告亡而已，无告无罪。”其后赖鱄力，献公复得反国[12]。君子谓定姜能以辞教。《诗》云：“我言惟服。”此之谓也。郑皇耳率师侵卫，孙文子卜追之，献兆于定姜曰：“兆如山林，有夫出征而丧其雄。”定姜曰：“征者丧雄，御寇之利也。大夫图之。”卫人追之，获皇耳于犬丘。君子谓定姜达于事情。《诗》云：“左之左之，君子宜之。”此之谓也。

颂曰：卫姑定姜，送妇作诗。恩爱慈惠，泣而望之。数谏献公，得其罪尤。聪明远识，丽于文辞。

注释

①归其妇：送儿媳妇出嫁。

②恶：厌恶，讨厌。

③宥：宽容，宽大。

④敬姒：卫定公的妾。衎 kàn：即卫献公，姬姓，名衎，卫定公之子。

⑤内：同“纳”，接受。

⑥舍：置，放置。重器：重要的器物、财物。

⑦鱄 zhuān：即子鲜，卫献公的弟弟。

⑧祝宗：古代主持祭祀祈祷活动之人。

⑨诬：欺骗。

⑩巾栉：手巾和梳子。

⑪暴妾使余：对待我像对待婢妾一样无礼粗暴。

⑫反：通“返”，返回。

译文

卫姑定姜，是卫定公的夫人，卫国公子的母亲。公子娶亲之后没多久就死了，媳妇也没有生下孩子。媳妇服丧满三年后，定姜送她再出嫁，亲自将她送到城外。定姜心中既有对媳妇的不舍，又有对儿子的缅怀，她感到悲楚伤心，目送媳妇远去的背影，泪水洒落。于是赋诗道：“燕子双双展翅飞，尾翼舒展似双剪。这位姑娘出嫁了，远远送她到郊外。目送直到看不见，泪落如雨泣涕不断。”定姜送走媳妇之后回来，哭着回头遥望，又赋诗道：“可要时常念先君，勉励寡人不忘怀。”君子称赞定姜是仁慈的婆婆，对媳妇很是厚爱。

卫定公厌恶孙林父，孙林父逃亡到晋国。晋国国君派使臣郤犨到卫国，请求定公允许孙林父回国。定公想要拒绝。定姜说道：“不可以这样，孙林父是先君宗卿的后代。大国又出面请求，你不答应他，我们就可能会亡国。虽然你很讨厌他，但这比亡国要好啊！你还是忍一忍吧。安定百姓，宽恕宗卿，不也是很好吗？”定公这才让孙林父回来。君子称赞定姜能使国家远离祸患灾难。《诗经》中说：“行为准则没有差错，为此作为四国之法则。”说的就是这种情况。

定公去世后，立妾敬姒的儿子衎为君主，就是卫献公。献公在服丧的时候十分怠慢。定姜哭累了休息，见献公不悲哀，便吃不下饭，喝不进水，叹气道：“这个人啊，卫国将要败在他的手里，他一定会先残害贤人，上天要灭卫国啊！可惜我不能让鱄来主持国政！”大夫们听到她的话后都感到害怕。从此孙文子不敢把贵重物品放在卫国收藏。鱄是献公的弟弟，叫子鲜。鱄非常贤能，定姜想要立他为国君，但是没有成功。

后来卫献公很暴虐，对定姜轻慢侮辱，终于被大家赶了出去。献公逃到国境时，让祝宗向宗庙报告自己的出逃，并申诉自己无罪。定姜说：“不行，如果没有罪，神灵是不会被欺骗的。若你有罪，怎能说无罪？而且就你身为国君的言行来看，你不和贤能的大臣商谋，而和奸佞的小臣商量，这是第一项罪过；先君有上卿作为师保，你却轻视他们，这是第二项罪过；我用手巾与梳子勤恳侍奉先君，你却将我像婢妾一样残暴对待，这是第三项罪过。你只能向宗庙报告说你逃亡，不能自称无罪。”后来靠鱄的力量，献公才得以回国。君子称赞定姜能够用言辞说教。《诗经》中说：“我的话很管用。”说的就是她。

郑国的皇耳率兵攻打卫国，孙文子占卜是否追击他们，把卦象献给定姜看，说道：“卦兆显示如同山陵，出征的一方会损失其英雄。”定姜道：“出征者丧失英雄，有利于抵御敌寇。请大夫谋划一下吧！”卫国军队追击郑军，在犬丘之地俘获了皇耳。君子称赞定姜能通达事理。《诗经》中说："辅佐啊辅佐，君子尽其职守。"说的就是这个意思。

颂说：卫姑定姜，送走媳妇时作诗。对媳妇恩爱慈惠，流着眼泪遥望她。多次劝谏献公，反而被他怪罪责难。她聪明有远见，擅长修饰自己的言辞。

齐女傅母

傅母者[1]，齐女之傅母也。女为卫庄公夫人，号曰庄姜。姜交好[2]，始往，操行衰惰，有冶容之行[3]，淫泆之心。傅母见其妇道不正，谕之云[4]：“子之家，世世尊荣，当为民法则。子之质，聪达于事，当为人表式[5]。仪貌壮丽，不可不自修整。衣锦絅裳[6]，饰在舆马，是不贵德也。”乃作诗曰：“硕人其颀，衣锦絅衣，齐侯之子，卫侯之妻，东宫之妹，邢侯之姨，谭公维私。”砥厉女之心以高节[7]，以为人君之子弟，为国君之夫人，尤不可有邪僻之行焉。女遂感而自修。君子善傅母之防未然也。庄姜者，东宫得臣之妹也[8]。无子，姆戴妫之子桓公。公子州吁，嬖人之子也。有宠，骄而好兵，庄公弗禁。后州吁果杀桓公。《诗》曰：“毋教猱升木。”此之谓也。

颂曰：齐女傅母，防女未然。称列先祖，莫不尊荣。作诗明指，使无辱先。庄姜姆妹，卒能修身。

注释

①傅母：负责辅导、保育贵族子女的老年妇人。

②交好：姣好，美好。

③冶容：妖艳。

④谕：告诉。

⑤表式：表率。

⑥絅jiǒng：通“褧”，用麻布做的单罩衣。

⑦砥厉：勉励。

⑧东宫：太子寝宫，此特指太子。

译文

傅母，是齐国国君女儿的傅母。这个女子是卫庄公的夫人，号称庄姜。庄姜面容姣好，她刚刚到卫国的时候，不注意操行，装扮妖艳，放荡纵欲。傅母见她没能遵守妇道，就告诉她道：“您的家族世世代代都尊贵荣耀，应当成为百姓的楷模。您天资聪颖，通达事理，应该成为人民的表率。您仪态端庄，容貌美丽，不可不注意修整。您穿着锦衣，套着罩衫，车马装饰华丽，这是不注重德行的表现。”于是她做诗道：“美人身材修长，身穿锦衣罩披风。她是齐国国君的女儿，又是卫国国君的妻子。她是齐国太子的妹妹，又是邢国国君的小姨，谭公还是她的妹夫。”以此勉励庄姜培养高尚的节操，劝诫她作为国君的女儿，君主的夫人，尤其不能有乘谬不正的行为。庄姜听后有所感触，从此修身养性。

君子称赞傅母能够防患于未然。庄姜是齐国太子得臣的妹妹。她没有儿子，以戴妫所生的孩子为自己的养子，他就是后来的桓公。公子州吁是宠妾所生的儿子。他恃宠而骄，喜欢武斗，庄公也管不了。后来州吁果然杀了桓公。《诗经》中说：“不要让猿猴爬树。”

说的就是这个道理。

颂说：齐国女子的傅母，对女子防患于未然。称道先祖，尊贵荣耀。作诗表明意图，让女子不要辱没祖先。庄姜终能注意修身，最终成为仪范。

鲁季敬姜

鲁季敬姜者，莒女也，号戴己，鲁大夫公父穆伯之妻，文伯之母，季康子之从祖叔母也。博达知礼[①]。穆伯先死，敬姜守养。文伯出学而还归，敬姜侧目而盼之，见其友上堂，从后阶降而却行[②]，奉剑而正履，若事父兄。文伯自以为成人矣。敬姜召而数之曰："昔者武王罢朝，而结丝袜绝，左右顾无可使结之者，俯而自申之，故能成王道。桓公坐友三人，谏臣五人，日举过者三十人，故能成伯业[③]。周公一食而三吐哺，一沐而三握发，所执贽而见于穷闾隘巷者七十余人，故能存周室。彼二圣一贤者，皆霸王之君也，而下人如此。其所与游者，皆过己者也，是以日益而不自知也。今以子年之少而位之卑，所与游者，皆为服役。子之不益，亦以明矣。"文伯乃谢罪。于是乃择严师贤友而事之。所与游处者，皆黄耄倪齿也[④]，文伯引衽攘卷而亲馈之[⑤]。敬姜曰："子成人矣。"君子谓敬姜备于教化。《诗》云："济济多士，文王以宁。"此之谓也。文伯相鲁。敬姜谓之曰："吾语汝，治国之要，尽在经矣。夫幅者，所以正曲枉也[⑥]，不可不彊[⑦]，故幅可以为将。画者，所以均不均、服不服也，故画可以为正。物者，所以治芜与莫也，故物可以为都大夫。持交而不失，出入不绝者，梱也[8]。梱可以为大行人也[9]。推而往，引而来者，综也[10]。综可以为关内之师。主多少之数者，均也。均可以为内史[11]。服重任，行远道，正直而固者，轴也。轴可以为相。舒而无穷者，摘也。摘可以为三公[12]。”文伯再拜受教。文伯退朝，朝敬姜，敬姜方绩。文伯曰：“以歜之家，而主犹绩，惧干季孙之怒，其以歜为不能事主乎？”敬姜叹曰：“鲁其亡乎？使童子备官而未之闻耶！居[13]，吾语汝。昔圣王之处民也，择瘠土而处之，劳其民而用之，故长王天下。夫民劳则思，思则善心生；逸则淫，淫则忘善，忘善则恶心生。沃土之民不材，淫也。瘠土之民向义，劳也。是故天子大采朝日[14]，与三公九卿组织地德[15]。日中考政，与百官之政事，使师尹维旅牧，宣叙民事[16]。少采夕月[17]，与太史、司载纠虔天刑[18]。日入监九御[19]，使洁奉禘、郊之粢盛[20]，而后即安。诸侯朝修天子之业令[21]，昼考其国，夕省其典刑，夜儆百工，使无慆淫[22]，而后即安。卿大夫朝考其职，昼讲其庶政[23]，夕序其业，夜庀其家事[24]，而后即安。士朝而受业，昼而讲隶，夕而习复[25]，夜而讨过，无憾，而后即安。自庶人已下，明而动，晦而休[26]，无自以怠。王后亲织玄紞[27]，公侯之夫人加之以纮綖[28]，卿之内子为大带[29]，命妇成祭服[30]，列士之妻加之以朝服，自庶士以下皆衣其夫。社而赋事，烝而献功[31]，男女效绩[32]，否则有辟，古之制也。君子劳心，小人劳力，先王之训也。自上以下，谁敢淫心舍力？今我寡也，尔又在下位[33]，朝夕处事，犹恐忘先人之业，况有怠惰[34]，其何以辟？吾冀汝朝夕修我曰：‘必无废先人。’尔今也曰：‘胡不自安？’以是承君之官，余惧穆伯之绝祀也。”仲尼闻之曰：“弟子记之，季氏之妇不淫矣！”《诗》曰：“妇无公事，休其蚕织。”言妇人以织绩为公事者也，休之非礼也。文伯饮南宫敬叔酒，以露堵父为客，羞鳖焉[35]，小，堵父怒，相延食鳖[36]，堵父辞曰：“将使鳖长而食之。”遂出。敬姜闻之，怒曰：“吾闻之先子曰：‘祭养尸，飨养上宾。’鳖于人何有，而使夫人怒？”遂逐文伯。五日，鲁大夫辞而复之。君子谓敬姜为慎微。《诗》曰：“我有旨酒，嘉宾式燕以乐。”言尊宾也。文伯卒，敬姜戒其妾曰：“吾闻之，‘好内，女死之；好外，士死之。’今吾子夭死[37]，吾恶其以好内闻也，二三妇之辱。共祀先祀者，请毋瘠色[38]，毋挥涕[39]，毋陷膺，毋忧容，有降服[40]，毋加服，从礼而静，是昭吾子。”仲尼闻之曰：“女知莫如妇，男知莫如夫，公父氏之妇知矣，欲明其子之令德[41]。”《诗》曰：“君子有穀，贻厥孙子。”此之谓也。敬姜之处丧也，朝哭穆伯，暮哭文伯。仲尼闻之曰：“季氏之妇可谓知礼矣，爱而无私，上下有章。”敬姜尝如季氏，康子在朝，与之言，不应，从之，及寝门，不应而入。康子辞于朝，而入见曰：“肥也不得闻命，毋乃罪耶[42]？”敬姜对曰：

"子不闻耶？天子及诸侯合民事于内朝，自卿大夫以下，合官职于外朝，合家事于内朝，寝门之内，妇人治其职焉。上下同之。夫外朝子将业君之官职焉，内朝子将庀季氏之政焉，皆非吾所敢言也。"康子尝至，敬姜闳门而与之言，皆不逾阈㊸。祭悼子，康子与焉，酢不受㊹，彻俎不譙㊺，宗不具不绎㊻，绎不尽饫则退。仲尼谓敬姜别于男女之礼矣。《诗》曰："女也不爽。"此之谓也。

颂曰：文伯之母，号曰敬姜。通达知礼，德行光明。匡子过失，教以法理。仲尼贤焉，列为慈母。

注释

①博达：博学通达。

②却行：倒退而行。

③伯业：霸者的功业。伯，通"霸"。

④黄耄 mào：老年人。倪 ní 齿：老人齿落后又重新长出的牙齿。倪，亦作"齯"。后以"倪齿"指高寿之人。

⑤引衽 rèn 攘 rǎng 卷：整衣卷袖，形容毕恭毕敬的样子。衽，衣袖。

⑥曲枉：弯曲不直。

⑦疆qiáng：通"强"，强大，强盛。

⑧梱 kǔn：一种纺织工具。

⑨大行人：官名，主管天子诸侯间的重大交际礼仪。

⑩综 zòng：织布机上带着经线上下分开形成梭口的装置。

⑪内史：官名，协助天子管理爵、禄、废、置等政务。

⑫三公：古代中央三种最高官衔的合称。

⑬居：坐下。

⑭大采：天子祭日所穿的礼服。

⑮地德：大地的本性；大地的德化恩泽。

⑯旅：众士。牧：州牧。

⑰少采：天子祭月所穿的礼服。

⑱太史：官名。西周、春秋时太史掌管记载史事、编写史书、起草文书，兼管国家典籍、历法、祭祀等。司载：官名，负责考察天文。纠虔：恭敬的样子。

⑲九御：即女御。宫中女官，掌管女工及侍御之事。

⑳禘 dì：帝王或诸侯在始祖庙里对祖先的一种盛大祭祀。粢盛 zī chéng：盛在祭器内以供祭祀的谷物。

㉑业令：国事与政令。

㉒慆 tāo 淫：享乐过度，怠慢放纵。

㉓庶政：民政。

㉔庀 pǐ：治理。

㉕习复：复习。

㉖晦：天黑，夜晚。

㉗玄紞 dǎn：冠冕上前后的丝饰物。古代有皇后亲织

玄统之事，后因以玄统指女红。

㉘纮綖 hóng yán：纮，古代冠冕上的绳带。綖，覆在冠冕上的装饰物。

㉙内子：古代称卿大夫的嫡妻。大带：古代贵族礼服用带，有革带、大带之分。革带以系佩韨，大带加于革带之上，用素或练制成。

㉚命妇：古时被赐予封号的妇女，一般为官员的母亲、妻子。

㉛烝 zhēng：古代特指冬天的祭祀。献功：在冬祭时奉献谷、帛等。

㉜效绩：效劳，立功。

㉝下位：低下的地位。

㉞怠惰：懒惰，不勤奋。

㉟羞：进献。

㊱延：邀请。

㊲夭死：早死。

㊳瘠色：谓损其容色。

㊴挥涕：挥洒涕泪。

㊵降服：旧制，丧服降低一等为“降服”。

㊶令德：美德。

㊷毋乃：恐怕，只怕。

㊸阈yù：门槛。

㊹酢zuò：用酒回敬主人。

㊺彻俎：谓撤去祭祀时用以载牲的礼器。彻，通

"撤"。谯：通"宴"，宴会。

㊻绎：正祭之后次日又祭。

译文

鲁季敬姜，是莒国的女子，号称戴己，是鲁国大夫公父穆伯的妻子，文伯的母亲，季康子的从祖叔母。她博学通达，知晓礼节。穆伯死得早，敬姜守寡抚养儿子。

一天，文伯外出游学回来，敬姜侧目看了看，见文伯的学友随其走上堂屋，又从后面的台阶倒退着走下，手捧剑，并摆正脱下的鞋，对他好像是事奉父兄一样。文伯自以为已经成人了。敬姜将他召来，数落道："过去周武王罢朝，脚上系袜子的丝带断了，他看看身边没有能帮忙系的，就自己低头系好，因此能够成就王业。桓公有三个能与自己争辩的朋友，五个向自己劝谏的大臣，还有三十个每天都指出自己过错的人，所以能成就霸业。周公吃一顿饭要三次将饭吐出，洗澡时要三次握着湿头发出去接见贤者，他带着礼物在穷闾隘巷里拜见了七十多人，因而得以延续了周朝。这两位圣君和一位贤臣，都是霸主，却这样礼贤下士。他们所结交的人，都是超过自己的人，因此他们就在不知不觉中强大起来。如今你年纪小，地位低，所交往的人，都是仆人，你将来不会日渐强大的，这是很显而易见的。"文伯向母亲承认错误，自此之后开始选择严师贤友，并事奉他们，他所结交的都是德高望重的人，文伯整衣卷袖亲自馈赠他们礼物。敬姜说："你长大了。"君子称赞敬姜善于教化。《诗经》中说："贤能人士多又多，文王得以心安宁。"说的就是这个意思。

文伯出任鲁国的相国，敬姜对他说："我告诉你，治国的关键在于经。幅是用来矫正曲直的，不可不刚直，所以像幅一样的人可以为将。矫弓用的画是用来平抑不均、制服不服帖的，所以像画一样的人可以为正官。物这种绳墨是用来修治布匹的长宽标准的，因此像物那样的人可以做都大夫。让众线交织而没有错失，出入不断的是梱，因此像梱那样的人可以做外交礼仪官。推而往、引而来的是织布所用的综。像综那样的人可以统率境内师众。决定丝线数目多少的是均。因而像均那样的人可以做内史。肩负重任，行远道，正直稳固的是轴，像轴一样的人可以为相国。宽舒无穷的是摘。因而像摘那样的人可以做三公。"文伯拜了两拜，接受教诲。

一次，文伯退朝后拜见敬姜，见母亲正在缉麻。文伯说道："像我们这样的家庭，主母还要纺织，我担心会触怒季孙，他大概会认为我不能侍奉母亲吧？"敬姜叹息道："鲁国要亡了吗？让小孩子为官，难道他没听说怎样为官吗？你坐下，我讲给你听。过去圣贤的君主安置百姓，选择贫瘠的土壤给他们，让他们劳作，然后加以利用，因此能够长久统治天下。百姓劳作就会思虑，思虑就会产生善良的念头；安逸就会产生淫逸的念头，淫逸就会忘记善良，忘记善良就会生邪恶之心。生活在肥沃土地上的百姓没有什么才能，是因为淫逸。贫瘠土地上的百姓崇尚德义，是因为他们勤劳。所以天子在清晨时穿着礼服祭日，同三公九卿祭地。中午时考察政绩，交代百官政务，让师尹宣布众士和州牧的职责，安排民事。傍晚时天子祭月，和太史、司载观察天文。日落后监察女御，让她们清洁祭祀的器皿，准备好祭祀之物，然后才安心。诸侯清早接受天子布置的国事和政令，白天考察政务，傍晚检查典章法规，晚上警告众官，以免他们享乐怠慢，然后才安心。卿大夫早上考察他们的职务，白天研究政务，傍晚梳理政业，晚上处理家事，然后才安心。士早上接受教育，白天学习，傍晚复习，晚上反省过失，直到没有遗憾了才安心。自平民以下都是日出而作，日落而息，没有一天懈怠的。王后亲自为君王织冠饰，公侯的夫人为夫君加佩冠带，卿大夫的妻子亲自为夫君做腰带，命妇做成祭服，士人的妻子为士人再加上朝服，自众士以下都给她的丈夫制作衣服。祭社时分配劳作，冬祭时献上谷物与布帛，男女老少效劳立功，否则就会被治罪，这是自古就有的制度。君子操心，百姓出力，这是先王的遗训。自上而下，谁敢贪心偷懒？如今我守寡，你又是身处下位，每天从早到晚忙着做事，还唯恐忘了先人业绩，更何况懒惰懈怠，怎能不被处罚呢？我指望你早晚告诫我说：‘千万不要废弃先人的遗训。’你今天却说：‘你为什么不享受安逸呢？’像你这样做官，我担心你的父亲穆伯会断绝祭祀啊。”

孔子听说这件事后说道：“弟子们要记住，季氏家的这位女子不淫逸。”《诗经》中说：“妇人不做分内事，放弃纺织与养蚕。”这是说妇人要将纺织当作公事那样对待，放弃了它就是违背了礼。

一次，文伯请南宫敬叔饮酒，让露堵父作为陪客。露堵父因为给他进献的鳖很小，很是生气。文伯敬请堵父食用鳖，堵父拒绝道：“等鳖长大了我再吃吧。”说完就出去了。敬姜听说了这件事，大怒道：“我听祖先说：‘祭祀时要尊奉代死者接受祭祀的人，宴会上要尊奉上宾。’鳖又不是稀奇的东西，为什么让宾客生气？”说着就把文伯赶走了。五天之后，经鲁国大夫们请求，敬姜才让文伯回家。君子称赞敬姜小心谨慎。《诗经》中说：“我有美酒佳肴，宾客欢宴乐陶陶。”这是说要尊重宾客。

文伯死后，敬姜告诫他的小妾们说：“我听说，‘好女色的，女子会为他而死；好结交外人的，士人会为他而亡。’如今我的儿子早死，我讨厌他落下一个喜好女子的名声，这都是你们这些女人玷辱了他。你们祭祀祖先时，不要损害身体，不要痛哭流涕，不要捶胸顿足，不要面露忧愁，穿低一等的丧服，不能重，一切遵从礼法，安安静静，这才是在彰显我儿子的功德。”

孔子听说后，说：“少女的智慧不如夫人，少年的智慧不如丈夫。公父氏的妇人可以说是很智慧，她想要显扬儿子的美德。”《诗经》中说：“君子有福禄，贻留子孙后代。”说的就是这种情况。

敬姜处理丧事时，早上哭穆伯，晚上哭文伯。孔子听到后就说：“季氏之妇可以说是知礼啊，爱而无私，上下都有规章。”

敬姜曾经拜访季氏，康子正在朝见家臣和属大夫，跟她说话，她不答应，康子跟她走到寝门，她还是一声不吭地走进内室去了。康子朝见结束后，入见敬姜，说：“我没有听到您的指示，恐怕是我有什么过失吧？”敬姜回答道：“难道你没有听说吗？天子和诸侯在内朝考查民事，自卿大夫以下在外朝考查政事，在内朝考查家事。在寝门之内，妇人履行自己的职责，上下同理。你在外朝处理政事，在内朝处理季氏家政，这都不是我敢说话的地方。”康子曾经拜访敬姜，敬姜敞着门跟他说话，两人都没跨过门槛。

敬姜祭祀悼子，康子也参加了，康子向敬姜敬酒，敬姜没有接受，祭祀之后撤去礼器，也没有去宴饮。宗族不全在，就不举行绎祭，绎祭后饮酒，敬姜在喝醉之前就离开了。孔子称赞敬姜懂得男女有别的礼节。《诗经》中说：“女子也没有差错。”说的就是这个意思。

颂说：文伯的母亲，名号敬姜。她博学又知礼，德行光明。匡正儿子的过失，教导他以法理。孔子称赞她贤能，将她列为慈母。

楚子发母

楚将子发之母也。子发攻秦，绝粮，使人请于王①，因归问其母。母问使者曰："士卒得无恙乎②？"对曰："士卒并分菽粒而食之③。"又问："将军得无恙乎？"对曰："将军朝夕刍豢黍粱④。"子发破秦而归，其母闭门而不内，使人数之曰："子不闻越王勾践之伐吴耶？客有献醇酒一器者，王使人注江之上流，使士卒饮其下流，味不及加美，而士卒战自五也。异日有献一囊糗糒者⑤，王又以赐军士，分而食之，甘不逾嗌⑥，而战自十也。今子为将，士卒并分菽粒而食之，子独朝夕刍豢黍粱，何也？《诗》不云乎：'好乐无荒，良士休休。'言不失和也。夫使人入于死地，而自康乐于其上，虽有以得胜，非其术也。子非吾子也，无入吾门。"子发于是谢其母，然后内之。君子谓子发母能以教诲。《诗》云："教诲尔子，式穀似之。"此之谓也。

颂曰：子发之母，刺子骄泰。将军稻粱，士卒菽粒。责以无礼，不得人力。君子嘉焉，编于母德。

注释

①请于王：向楚王请求援助。

②恙：疾病。

③菽 shū：豆类的总称。

④刍豢 chú huàn：牛羊猪狗等家畜，这里指肉。黍粱：黄米和谷子。

⑤囊 náng：口袋。糗糒 qiǔ bèi：指干粮。

⑥嗌 yì：咽喉。

译文

楚子发母，是楚国大将子发的母亲。子发攻打秦国，断了粮草，派人向楚王求援。使者顺便到子发家中去慰问子发的母亲。子发的母亲问使者道："士兵们都还好吗？"使者回答说："士兵们都分豆粒吃。"子发母亲又问道："将军还好吗？"使者回答说道："将军每天都吃肉吃黄米、谷子。"等到子发打完胜仗回家，他的母亲关上门不让他进来，叫人指责他道："难道你没有听说越王勾践征伐吴国的事情吗？有一个宾客给越王献了一坛美酒，越王让人将酒倒在水流的上游，让士兵们在水流的下游饮用。水中并没增加多少酒的美味，但是战士们打仗的士气就像是增加了五倍。过了几天，有人献给越王一袋干粮，越王又将它赏赐给了军士，士兵们分着吃了，食物只有一点点，刚吃进去就没了，但是战士们的战斗力却增加了十倍。现在你身为楚国大将军，士兵们分豆粒吃，你自己却早晚都吃肉吃黄米谷子，这是为什么？《诗经》里说：'娱乐而不荒废正事，贤士都高兴。'意思是要与人和睦相处。你让别人辛苦打仗，出生入死，而自己却高高在上贪图享乐。尽管你们打了胜仗，那也不是合理的用兵之术。你不是我的儿子，不要进我的家门。”子发忙向母亲谢罪，才进了家门。

君子称赞子发的母亲善于教诲儿子。《诗经》中说：“教诲你的儿子，使他像你一样具有美德。”说的就是这个意思。

颂说：子发的母亲，批评儿子骄矜。将军吃谷粱，士卒吃豆粒。责备儿子不知礼，不得人心。君子嘉奖她，将她推为母德典范。

邹孟轲母

邹孟轲之母也[①]，号孟母。其舍近墓。孟子之少也，嬉游为墓间之事，踊跃筑埋。孟母曰："此非吾所以居处子也。"乃去，舍市傍。其嬉戏为贾人衒卖之事[②]。孟母又曰："此非吾所以居处子也。"复徙舍学宫之傍[③]。其嬉游乃设俎豆[④]，揖让进退。孟母曰："真可以居吾子矣。"遂居之。及孟子长，学六艺[⑤]，卒成大儒之名。君子谓孟母善以渐化。《诗》云："彼姝者子，何以予之？"此之谓也。孟子之少也，既学而归，孟母方绩[⑥]，问曰："学何所至矣？"孟子曰："自若也。"孟母以刀断其织。孟子惧而问其故。孟母曰："子之废学，若吾断斯织也。夫君子学以立名，问则广知，是以居则安宁，动则远害。今而废之，是不免于厮役[⑦]，而无以离于祸患也。何以异于织绩而食，中道废而不为，宁能衣其夫子，而长不乏粮食哉？女则废其所食，男则堕于修德，不为窃盗，则为虏役矣。"孟子惧，旦夕勤学不息，师事子思，遂成天下之名儒。君子谓孟母知为人母之道矣。《诗》云："彼姝者子，何以告之？"此之谓也。孟子既娶，将入私室，其妇袒而在内[⑧]，孟子不悦，遂去不入。妇辞孟母而求去，曰："妾闻夫妇之道，私室不与焉。今者妾窃堕在室，而夫子见妾，勃然不悦，是客妾也。妇人之义，盖不客宿。请归父母。”于是孟母召孟子而谓之曰：“夫礼，将入门，问孰存[⑨]，所以致敬也。将上堂，声必扬，所以戒人也。将入户，视必下，恐见人过也。今子不察于礼，而责礼于人，不亦远乎？”孟子谢，遂留其妇。君子谓孟母知礼，而明于姑母之道。孟子处齐，而有忧色。孟母见之曰：“子若有忧色，何也？”孟子曰：“不敏。”异日闲居，拥楹而叹[⑩]。孟母见之曰：“乡见子有忧色[⑪]，曰‘不也’，今拥楹而叹，何也？”孟子对曰：“轲闻之，君子称身而就位，不为苟得而受赏，不贪荣禄。诸侯不听，则不达其上。听而不用，则不践其朝。今道不用于齐，愿行而母老，是以忧也。”孟母曰：“夫妇人之礼，精五饭[⑫]，幂酒浆[⑬]，养舅姑，缝衣裳而已矣。故有闺内之修，而无境外之志[⑭]。《易》曰：‘在中馈，无攸遂。’《诗》曰：‘无非无仪，惟酒食是议。’以言妇人无擅制之义[⑮]，而有三从之道也[⑯]。故年少则从乎父母，出嫁则从乎夫，夫死则从乎子，礼也。今子成人也，而我老矣。子行乎子义，吾行乎吾礼。”君子谓孟母知妇道。《诗》云：“载色载笑，匪怒伊教。”此之谓也。

颂曰：孟子之母，教化列分。处子择艺，使从大伦。子学不进，断机示焉。子遂成德，为当世冠。

注释

①邹：古国名，在今山东省邹城一带。

②贾人：商人。衒xuàn卖：叫卖，出卖。

③学官：学校。

④俎zǔ豆：俎和豆，古代祭祀所用的两种器皿。

⑤六艺：儒家要求学生掌握的六种才能，分别为：礼、乐、射、御、书、数。

⑥绩：把麻搓成绳或线。

⑦厮役：做杂事供人驱使的奴仆。

⑧袒：脱去上衣，露出身体的一部分。

⑨孰存：谓谁在里面。

⑩楹：厅堂前面的柱子。

⑪乡：同“向”，曾经，以前。

⑫五饭：以稻、黍、稷、麦、菽五种谷物做成的饭。

⑬幂mì：用布覆盖。酒浆：泛指酒。

⑭境外：指闺阁之外。

⑮擅制：专断。

⑯三从：古代妇女应在家从父，出嫁从夫，夫死从子。

译文

邹国孟轲的母亲，号称“孟母”。最初她住在坟墓附近。孟子小时候常常在坟墓间游玩，喜欢做一些修筑坟墓掩埋棺材的事情。孟母说道："这里不适合儿子居住。"于是就离开了那里，搬到一个市场旁边。孟子又嬉戏玩闹学商人叫卖。孟母又说道："这里不是我儿子该住的地方。"再次搬家到一个学校附近。孟子在游玩中摆弄祭祀器皿，学习揖让进退之礼。孟母说道："这里才适合我儿子住。"于是就在学校附近定居下来。等到孟子长大，学成六艺，最终成为一位儒学大家。君子称赞孟母善于循序渐进地教化儿子，《诗经》中说："那位贤能的才士，该用什么来赠予？"说的就是这种情况。

孟子年少时外出求学，求学归来，孟母正在纺线，就问他："你学习得怎么样了？"孟子回答道："还是那样。"孟母用刀割断了织机上的丝线。孟子害怕，问母亲为什么要这样。孟母回答说："你荒废学业，就好像我割断丝线一样。君子努力学习后才能扬名，好问才能增长知识，因此才得以安宁居住，远离祸害。现在你荒废了学业，将来免不了要给别人当奴仆，也不能避免祸患。这就像是靠纺麻织布生存，要是做到一半就停下来不做，怎能给她的丈夫儿子衣服穿呢？长期下来又怎会不缺粮食呢？妇女若是废弃了她的生存技艺，男子若是倦怠于品德的培养，他们不是成为强盗，就是沦为奴仆。"孟子很害怕，从此之后每天都勤奋学习，不知停歇。他拜师于子思的门人，终于成为闻名天下的儒学大家。君子称赞孟母深知做母亲的方法。《诗经》中说："那位贤能的才士，该用什么来赠予？”说的就是这种情况。

孟子成婚后，一天他到卧室里去，正好碰上妻子脱去上衣，露着身子，孟子不高兴，转头就走了。他的妻子向孟母辞别，请求让她回娘家去，她说道：“我听说夫妇之道，在卧室中是不包括的。今天我在卧室里躺着，我丈夫看见我后竟然大怒，这是把我当成外人了。作为妇人，是不能在别人家里住宿的。请让我回娘家吧。”于是孟母把孟子叫到跟前，对他说道：“按照礼法来说，人快要进门的时候，要问一下谁在屋里面，以表示恭敬。快走进厅堂的时候，就要发出声音，用来通知别人。进到别人家里面，眼睛要往下看，唯恐看到别人的隐私。今天你不但不遵守礼法，反而还要责备别人失礼，不是和圣人差远了吗？”孟子连忙道歉，于是挽留妻子。君子称赞孟母知道礼节，也懂得婆媳相处的方法。

孟子在齐国时，经常面带忧愁，孟母见了，就问：“你好像有忧心事，怎么了？”孟子说道：“没什么。”又有一天，孟子闲居在家，靠着柱子叹息。孟母见后就问道：“上次我见你面带忧愁，问你，你说‘没什么’，今天你靠着柱子叹息，这是怎么回事？”孟子答道：“我听说，君子要根据自己的能力来任职，不苟且求得赏赐，不贪图荣誉禄位。诸侯不听从自己的主张的话，就不必到他们那里去，听了主张但又不实践，就不用继续觐见。现在齐国不施行我的主张，我想到别处去，但是母亲您年纪大了，不便远行，我因此而忧愁。”孟母说道：“作为一个妇女，按礼的要求，只要做饭酿酒，侍奉公婆，缝制衣裳就行了。所以她们只需要操持家务，对家中以外的事情就不用过问。《易经》上说：‘要做家务事，不要有所失职。’《诗经》中说：‘不要违背礼仪，只需考虑酒食家务之事。’说的便是妇女不要擅越礼制，要遵循三从之德。所以女子未嫁时就要听从父母，出嫁后听从丈夫，丈夫死了要听从儿子，这是礼的规定。现在你已经成人了，而我也已经老了。你行你的道义，我行我的礼法。”君子称赞孟母深谙妇道。《诗经》中说：“和颜悦色面带微笑，善于教导不生气。”说的就是这个道理。

颂说：孟子的母亲，善于教化。安排儿子选择技艺，让他能遵从大伦。儿子学习不上进，她剪断织布，加以警示。儿子终于成就大德，成为当世儒家之冠。

鲁之母师

母师者[①]，鲁九子之寡母也。腊日休作者[②]，岁祀礼事毕，悉召诸子，谓曰："妇人之义，非有大故，不出夫家。然吾父母家多幼稚，岁时礼不理。吾从汝谒往监之。"诸子皆顿首许诺。又召诸妇曰："妇人有三从之义，而无专制之行。少系于父母，长系于夫，老系于子。今诸子许我归视私家[③]，虽逾正礼[④]，愿与少子俱，以备妇人出入之制。诸妇其慎房户之守，吾夕而反。"于是使少子仆，归辨家事[⑤]。天阴，还失早，至闾外而止[⑥]，夕而入。鲁大夫从台上见而怪之，使人间视其居处，礼节甚修，家事甚理。使者还以状对。于是大夫召母而问之曰："一日从北方来，至闾而止，良久，夕乃入。吾不知其故，甚怪之，是以问也。"母对曰："妾不幸，早失夫，独与九子居。腊日，礼毕事间，从诸子谒归视私家。与诸妇孺子期[⑦]，夕而反[⑧]。妾恐其醽醵醉饱[⑨]，人情所有也。妾返太早，不敢复返，故止闾外，期尽而入。"大夫美之，言于穆公，赐母尊号曰母师，使朝谒夫人，夫人、诸姬皆师之。君子谓母师能以身教。夫礼，妇人未嫁，则以父母为天；既嫁，则以夫为天。其丧父母，则降服一等，无贰天之义也。《诗》云："出宿于济，饮饯于祢。女子有行，远父母兄弟。"

颂曰：九子之母，诚知礼经。谒归还反，不揜人情。德行既备，卒蒙其荣。鲁君贤之，号以尊名。

注释

①母师：母亲的典范。

②腊日：古时腊祭之日。农历十二月初八。

③私家：指已婚妇女的父母或兄弟之家。

④正礼：正规的礼法。

⑤辨：通“办”，治理，办理。

⑥闾：里巷的大门。

⑦期：约定。

⑧反：通“返”，返回。

⑨酺醵pú jù：聚会饮食。出食为酺，出钱为醵。醉饱：谓酒食过度。

译文

母师是鲁国一位有九个儿子的守寡母亲。在一年腊日停止劳作，祭祀完毕后，她将所有的儿子叫来，对他们说：“作为一个妇人，除非有大的变故，不得离开夫家。但是我娘家父母那里多有年幼的人，过年的一些礼数都不周全。我想请你们随我回去看看。”儿子们都叩头答应了。她又将儿媳们都叫来说：“妇人应有三从之礼，而不能有专制的行为。年少时听从父母，长大后听从丈夫，年老后听从儿子。现在儿子们都允许我回娘家看看，虽然这逾越了正礼，但是我还是希望小儿子跟我一起去，以遵守妇人出入方面的制度规定。你们要小心看家，我傍晚时就会回来。”说完就带着小儿子回娘家料理家事。

天气阴沉，母师回来时天色尚早，她走到里巷的大门边就停了下来，到了傍晚才进去。鲁国大夫在高台上见到这情景觉得很奇怪，便派人到她家查看，使者发现她家的礼节齐备，家事料理得井井有条。使者回来后就将这一情形告诉了鲁国大夫。于是大夫召来母师，问她道：“有一天，你从北边走来，到了巷口时就停住了，过了很久，直到傍晚才进去。我不知道其中的原因，觉得很奇怪，因此想要问问你是怎么回事。”母师回答道：“我不幸，丈夫早死，和九个儿子一起生活。在腊日祭祀完毕后，我跟儿子们商量回娘家探望。临走时跟儿媳和孩子们约定傍晚回来。我恐怕她们聚会饮食，酒食过度，这也是人之常情。我回来太早，又不敢再回去，所以就在巷口停了下来，等到了约定的时间再进去。”大夫对此很是称赞，就对穆公说了这件事，穆公赐给她尊号为“母师”，让她拜见夫人，夫人和众姬妾都拜母师为师。

君子称赞母师能以身施教。按照礼法，妇人未出嫁之前，以父母为天；嫁人后，以丈夫为天。父母去世后，丧服也要低一等级，因为不能有两个天。《诗经》中说：“出行宿在济水，离别饯行在父亲的宗庙。姑娘出嫁了，离开父母和兄弟。”

颂说：九个儿子的母亲，的确懂得礼经。探望娘家回来时，顾及私情。德行完备，最终得到荣耀。鲁国国君认为她贤德，赐给她尊号。

魏芒慈母

魏芒慈母者，魏孟阳氏之女，芒卯之后妻也。有三子。前妻之子有五人，皆不爱慈母。遇之甚异[①]，犹不爱。慈母乃令其三子，不得与前妻子齐衣服饮食，起居进退甚相远。前妻之子犹不爱。于是前妻中子犯魏王令，当死，慈母忧戚悲哀，带围减尺[②]，朝夕勤劳以救其罪。人有谓慈母曰："人不爱母至甚也，何为勤劳忧惧如此？"慈母曰："如妾亲子，虽不爱妾，犹救其祸而除其害，独于假子而不为[③]，何以异于凡母？其父为其孤也，而使妾为其继母。继母如母，为人母而不能爱其子，可谓慈乎？亲其亲而偏其假，可谓义乎？不慈且无义，何以立于世？彼虽不爱，妾安可以忘义乎？"遂讼之。魏安釐王闻之，高其义曰[④]："慈母如此，可不救其子乎？"乃赦其子，复其家。自此五子亲附慈母[⑤]，雍雍若一[⑥]。慈母以礼义之渐，率导八子[⑦]，咸为魏大夫卿士，各成于礼义。君子谓慈母一心。《诗》云："尸鸠在桑，其子七兮。淑人君子，其仪一兮。其仪一兮，心如结兮。"言心之均一也。尸鸠以一心养七子，君子以一仪养万物。一心可以事百君，百心不可以事一君。此之谓也。

颂曰：芒卯之妻，五子后母。慈惠仁义，扶养假子。虽不吾爱，拳拳若亲。继母若斯，亦诚可尊。

注释

①遇：对待，款待。

②带围：腰带绕身一周的长度。旧时以带围的宽紧观察身体的瘦损与壮健。

③假子：丈夫前妻之子。

④高：尊崇，敬重。

⑤亲附：亲近依附。

⑥雍雍：和顺、和乐的样子。

⑦率导：谓以自身的表率行为对他人进行教导。

译文

魏芒慈母，是魏国孟阳氏的女儿，芒卯的后妻。她生了三个儿子。芒卯的前妻有五个儿子，都不亲近慈母。慈母对他们特殊照顾，他们仍然不亲近她。慈母就让自己的三个儿子在穿衣饮食、起居进退方面不要跟前妻的儿子平等，相差甚远。即使慈母这样做，前妻的儿子们对她还是不感恩。

一次，前妻的一个儿子触犯了魏王的命令，当处以死刑。慈母为此感到忧伤悲哀，一下消瘦了很多。她每天都辛勤奔波来救这个儿子。有人就对慈母说："他们很不爱你，你为什么还要这么费心忧愁呢？”慈母回答道：“假如是我亲生的儿子，即使不爱我，我仍然要救他免于祸害，如果不是亲生的儿子就不这样做，那跟普通的母亲又有什么区别呢？他们的父亲因为他们没有了母亲，才让我做了他们的继母。继母就好像是他们的亲生母亲一样，作为人母但不疼爱孩子，说得上是慈爱吗？亲近自己的亲生儿子而冷淡前妻的儿子，还能称得上是仁义吗？不慈爱也不仁义，何以在世上立身呢？他们虽然不爱我，但我怎能忘义呢？”于是就去上书求情。魏安釐王知道了这事，很是敬重慈母的大义，说道：“慈母这样做，我怎能不救他的儿子呢？”于是就赦免了她的儿子，免除了他家的赋税徭役。从此之后，前妻的五个儿子亲近慈母，和乐融融。慈母以礼仪教育感化八个儿子，使得他们都成为魏国大夫卿士，在礼义上各有成就。

君子称赞慈母平等对待儿子们。《诗经》中说：“布谷鸟在桑树上，它哺育着众多雏鸟。淑人君子啊，行为准则坚守一致。行为准则坚守一致，心如磐石一般坚定。”说的就是对人要有均等之心。布谷鸟同等哺育七个孩子，君子对待万物一视同仁。一心可以侍奉百位君主，但百种心思却不能侍奉一个君主。说的就是这个道理。

颂说：芒卯的妻子，是五个儿子的继母。她慈惠仁义，抚养继子。虽然孩子们不喜欢她，她却真诚地对待他们，把他们当作自己的孩子一样。继母做到像她这样的，的确是令人尊敬。

齐田稷母

齐田稷子之母也。田稷子相齐[①]，受下吏之货金百镒[②]，以遗其母[③]。母曰："子为相三年矣，禄未尝多若此也，岂修士大夫之费哉？安所得此？"对曰："诚受之于下。"其母曰："吾闻士修身洁行，不为苟得[④]。竭情尽实，不行诈伪。非义之事，不计于心。非理之利，不入于家。言行若一，情貌相副。今君设官以待子，厚禄以奉子，言行则可以报君。夫为人臣而事其君，犹为人子而事其父也。尽力竭能，忠信不欺，务在效忠，必死奉命，廉洁公正，故遂而无患[⑤]。今子反是，远忠矣。夫为人臣不忠，是为人子不孝也。不义之财，非吾有也。不孝之子，非吾子也。子起。"田稷子惭而出，反其金，自归罪于宣王，请就诛焉。宣王闻之，大赏其母之义，遂舍稷子之罪，复其相位，而以公金赐母。君子谓稷母廉而有化。《诗》曰："彼君子兮，不素飧兮。"无功而食禄，不为也，况于受金乎？

颂曰：田稷之母，廉洁正直。责子受金，以为不德。忠孝之事，尽财竭力[⑥]。君子受禄，终不素食。

注释

①相齐：在齐国为相。

②百镒yì：指钱财非常多。镒，古代黄金计量单位，一镒，二十两或二十四两。

③遗wèi：给予，赠送。

④苟得：不应当得到而获得。

⑤遂：通达。

⑥财：通“才”，才能。

译文

齐田稷母，是齐国田稷子的母亲。田稷子在齐国为相的时候，接受了下属官吏赠送的百镒钱财，将它们都交给自己的母亲。母亲说道：“你当相国已经三年了，从来就没有这么多的俸禄，难道这是收取了士大夫的钱财？你是怎么得到这些钱的？”田稷子回答道：“的确是接受了别人的贿赂。”他的母亲说道：“我听说士大夫应当修身洁行，不苟且贪利。表达自己的真情实感，不做狡诈虚伪的事。不道义的事，不在心中谋划。不合理的利益，不要收归到家中。要言行一致，情貌相符。现在君主让你担任官职，给你丰厚的俸禄，你就应当用自己的言行去报答君主。作为臣子侍奉君主，就好像儿女侍奉父亲一样，应当尽力竭能，忠诚守信不欺诈，务必要效忠，抱着必死的决心去奉行命令，还要廉洁公正，这样才能通达避开祸患。现在你反其道而行，远离忠诚了啊！你作为臣子不忠诚，就好像是作为儿子不孝顺一样。不义之财，不是我应该有的。不孝之子，也不是我的儿子。你走吧。”田稷子内心惭愧，走出门去，他将受贿的钱财全部给人送了回去，又向宣王请罪。宣王听了这事之后，非常欣赏田稷子母亲的大义，也就免除了田稷子的罪过，仍旧让他为相，并用国库的钱赏赐田稷子的母亲。

君子称赞田稷子之母廉洁而善于教化。《诗经》中说：“那些高高在上的君子啊，不是天天吃闲饭。”无功而受禄的事，不可以做，更何况是接受金钱呢？

颂说：田稷子的母亲，廉洁正直。责备儿子接受贿金，认为这是不道德的事。教导他忠孝尽职，竭尽才能为国效力。君子接受俸禄，从来都不吃白食。

卷二　贤明传

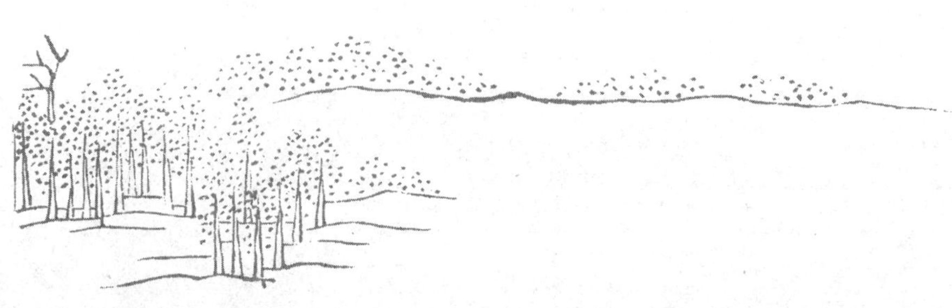

周宣姜后

周宣姜后者，齐侯之女也。贤而有德，事非礼不言，行非礼不动。宣王尝早卧晏起①，后夫人不出房。姜后脱簪珥②，待罪于永巷③，使其傅母通言于王曰④："妾之不才，妾之淫心见矣，至使君王失礼而晏朝，以见君王乐色而忘德也。夫苟乐色⑤，必好奢穷欲，乱之所兴也。原乱之兴⑥，从婢子起⑦。敢请婢子之罪。"王曰："寡人不德，实自生过，非夫人之罪也。"遂复姜后而勤于政事。早朝晏退，卒成中兴之名。君子谓姜后善于威仪而有德行。夫礼，后夫人御于君⑧，以烛进。至于君所，灭烛，适房中，脱朝服，衣亵服⑨，然后进御于君。鸡鸣，乐师击鼓以告旦，后夫人鸣佩而去。《诗》曰："威仪抑抑，德音秩秩。"又曰："隰桑有阿，其叶有幽，既见君子，德音孔胶⑩。"夫妇人以色亲，以德固。姜氏之德行可谓孔胶也。

颂曰：嘉兹姜后，厥德孔贤。由礼动作，匡配周宣。引过推让，宣王悟焉。夙夜崇道，为中兴君。

注释

①晏：晚。

②簪珥ěr：发簪和耳饰。

③永巷：宫中狭长的小巷，用来关押宫中犯罪的女子。

④傅母：负责辅导、保育贵族子女的老妇人。

⑤苟：假如，如果。

⑥原：追究，推究。

⑦婢子：古代妇女对自己的谦称。

⑧御：指皇帝的妃嫔侍奉皇帝。

⑨亵xiè服：在家中穿的便服。

⑩孔胶：孔，很。胶，比喻牢固。

译文

周宣姜后，是齐国国君的女儿。她贤惠而有美德，不合礼法的事情不说，不合礼法的行为不做。宣王曾经早睡晚起，留在后宫中不愿离开。姜后摘下发簪和耳饰，到永巷等待处罚，让她的傅母向宣王转告道："臣妾不才，显现淫逸之心，致使君王失礼晚朝，彰显君王好色而忘记仁德。如果好色，就一定会穷奢极欲，引发祸乱。推究祸乱的根源，是从我这里开始。还请治罪于臣妾。"宣王听后说道："是我没有仁德，这实际上是我的过错，不是夫人的罪过。"于是让姜后回宫，从此他在政事上很勤奋。早起上朝，很晚才退朝，最终成就了中兴的美名。

君子称赞姜后不仅注重仪容举止，还注重自己的德行。按照礼法，侍奉君主的后宫夫人，手里拿着烛火进去，到了君主的寝宫之后，灭掉烛火，来到内室脱掉朝服，穿上便服，然后侍奉君主。第二天鸡鸣的时候，乐师击鼓，告诉大家天亮了，后宫夫人便叩响佩玉离开。《诗经》中说：“仪行庄美，美誉流传。”又说：“低地桑树姿态柔美，树叶繁茂，见到了我的夫君，德行美誉永不变。”妇人通过美貌获宠，又以品德固宠。姜后的德行可谓是很牢固的了。

颂说：姜后值得夸赞，她非常有美德。言行遵从礼法，匡配周宣王。引咎自责懂得退让，宣王最终能悔悟。早朝晚退推崇道义，成为中兴君王。

齐桓卫姬

卫姬者，卫侯之女，齐桓公之夫人也。桓公好淫乐[①]，卫姬为之不听郑卫之音。桓公用管仲、宁戚，行霸道，诸侯皆朝，而卫独不至。桓公与管仲谋伐卫。罢朝入闺，卫姬望见桓公，脱簪珥，解环佩，下堂再拜[②]，曰："愿请卫之罪。"桓公曰："吾与卫无故，姬何为请耶？"对曰："妾闻之，人君有三色，显然喜乐，容貌淫乐者，钟鼓酒食之色；寂然清静，意气沉抑者，丧祸之色；忿然充满[③]，手足矜动者，攻伐之色。今妾望君举趾高，色厉音扬，意在卫也，是以请也。"桓公许诺。明日临朝，管仲趋进曰："君之莅朝也[④]，恭而气下[⑤]，言则徐[⑥]，无伐国之志，是释卫也。"桓公曰："善。"乃立卫姬为夫人，号管仲为仲父。曰："夫人治内，管仲治外。寡人虽愚，足以立于世矣。"君子谓卫姬信而有行。《诗》曰："展如之人兮，邦之媛也。"

颂曰：齐桓卫姬，忠款诚信。公好淫乐，姬为修身。望色请罪，桓公加焉。厥使治内，立为夫人。

注释

①淫乐：淫靡的音乐，不同于正统雅乐的音乐。

②再拜：拜了两拜，表示恭敬。

③忿 fèn 然：愤怒的样子。

④莅 lì 朝：上朝。

⑤恭：肃敬，谦逊有礼。

⑥徐：缓慢。

译文

齐桓卫姬，是卫国国君的女儿，齐桓公的夫人。桓公喜好淫靡的音乐，卫姬因此不听郑卫的靡靡之音。齐桓公任用管仲、宁戚，推行霸道政策，诸侯都来朝见。只有卫国没有人来。因此桓公和管仲谋划要去征伐卫国。

齐桓公退朝来到内室中，卫姬见了桓公，脱下了簪子耳饰，解下环佩，退下大殿向桓公拜了两次，说道："我为卫国向您请罪。"桓公问道："我和卫国没有怨仇，你为何要请罪呢？"卫姬回答道："臣妾听说，国君有三种脸色；喜笑颜开，是钟鼓酒食之色；寂寥清静、意气低沉压抑，是丧祸之色；愤怒不已，手脚挥舞，是征伐之色。今天臣妾看到君王趾高气扬，脸色严厉，声音激昂，是要讨伐卫国，所以来请罪。"桓公听后，答应她不征伐卫国。

第二天，桓公上朝，管仲上前进言道："您今日上朝，谦逊沉静，怒气已消，说话徐缓，没有征伐敌国的意向，您应该是放弃攻打卫国了吧！"桓公说："是的。"于是桓公就立卫姬为夫人，称管仲为仲父，并说道："夫人治理宫中事务，管仲管理朝廷事务。我虽然愚蠢，但有你们辅佐，我也可以在世上争霸了。”

君子称赞卫姬信而有行。《诗经》中说：“诚然像这样的女子啊，是国家有天资的美女！”

颂说：齐桓卫姬，忠贞诚信。齐桓公好淫乐，卫姬因此修身。看到君王面有怒色便请罪，桓公嘉奖她。桓公让她治理内事，并立她为夫人。

晋文齐姜

齐姜，齐桓公之宗女，晋文公之夫人也。初，文公父献公纳骊姬，谮杀太子申生。文公号公子重耳，与舅犯奔狄。适齐[①]，齐桓公以宗女妻之，遇之甚善[②]，有马二十乘[③]，将死于齐，曰：“人生安乐而已，谁知其他。”子犯知文公之安齐也，欲行而患之[④]，与从者谋于桑下。蚕妾在焉。妾告姜氏，姜杀之，而言于公子曰：“从者将以子行，闻者吾已除之矣。公子必从，不可以贰，贰无成命。自子去晋，晋无宁岁。天未亡晋，有晋国者，非子而谁？子其勉之！上帝临子，贰必有咎。”公子曰：“吾不动，必死于此矣。”姜曰：“不可。周诗曰：‘莘莘征夫，每怀靡及。’夙夜征行，犹恐无及，况欲怀安，将何及矣！人不求及，其能及乎？乱不长世，公子必有晋。”公子不听。姜与舅犯谋，醉，载之以行。酒醒，公子以戈逐舅犯，曰：“若事有济则可，无所济[⑤]，吾食舅氏之肉，岂有厌哉？”遂行，过曹、宋、郑、楚而入秦。秦穆公乃以兵内之于晋。晋人杀怀公而立公子重耳，是为文公。迎齐姜以为夫人，遂伯天下，为诸侯盟主。君子谓齐姜洁而不渎[⑥]，能育君子于善。《诗》曰：“彼美孟姜，可与寤言。”此之谓也。

颂曰：齐姜公正，言行不怠。劝勉晋文，反国无疑。

公子不听，姜与犯谋。醉而载之，卒成霸基。

注释

①适：到，往。

②遇：对待。

③乘：一乘有四匹马。

④患：忧虑，担心。

⑤济：成。

⑥渎：轻慢，不敬。

译文

晋文齐姜，是齐桓公同宗的女儿，晋文公的夫人。起初，文公的父亲献公听信骊姬的谗言，迫使太子申生自杀。文公号公子重耳，与舅舅子犯逃奔到狄人那里去。后来又到了齐国，齐桓公将本宗的女儿嫁给他为妻，妻子对他非常好，出门有二十乘马的排场。公子重耳不想回晋国，想要老死在齐国，说道："人生只不过是在追求安乐而已，管别的做什么。"子犯知道文公想要安心在齐国居住，他想要离开齐国又担心文公不肯走，就一起在桑树下商量。这时一个养蚕的婢妾正好在那里，听到了他们的谈话。婢妾将这事告诉了重耳妻子姜氏，姜氏将她给杀了，她对公子重耳说道："跟随你的人想要和你一起离开齐国，知道这件事的人已经被我杀了。公子你一定要跟他们一起走，不可以犹豫迟疑，犹豫就成不了事。自从你离开晋国后，晋国没有一日太平。老天没有亡晋国，能统治晋国的，不是你又是谁呢？你要努力啊！上天正看着你，你若有二心的话，他一定会谴责你。”公子重耳说：“我不想走，我要一直在这里待到老死。”姜氏说：“不可以。周诗说：‘众多征夫奔波在路上，常常心忧君命完不成。’日日夜夜都在奔波，还恐怕来来不及，更何况留恋妻室，贪图安逸，如何才能达成使命？人自己都不追求目标，又怎能完成任务呢？祸乱不会长久，你一定会统治晋国的。”公子不听她的话。姜氏就和子犯商量，把他灌醉后放在车上带走。等到公子酒醒了，他手拿戈矛追向子犯说道：“如果事情成功了还好，要是不成功的话，我吃了你的肉又怎能解我心头之恨呢？”于是他们出发了，经过曹、宋、郑、楚地进入秦国。秦穆公派兵护送他们回到了晋国，晋国人民杀死了怀公，立公子重耳为国君，称为晋文公。文公迎接齐姜，立她为夫人。从此文公称霸天下，成为诸侯盟主。

君子称赞齐姜纯洁而恭敬，能培养君子向善。《诗经》中说：“那个美丽的女子啊，可以和她谈心。”说的就是这个意思。

颂说：齐姜为人公正，言行不懈怠。她劝勉文公返国，毫不迟疑。公子不听她的话，她便与子犯谋划。灌醉公子，用车载他回去，终于成就他的霸业之基。

秦穆公姬

穆姬者，秦穆公之夫人，晋献公之女，太子申生之同母姊，与惠公异母。贤而有义。献公杀太子申生，逐群公子。惠公号公子夷吾，奔梁。及献公卒，得因秦立。始即位，穆姬使纳群公子，曰："公族者[①]，君之根本。"惠公不用，又背秦赂。晋饥，请粟于秦，秦与之。秦饥，请粟于晋，晋不与。秦遂兴兵与晋战，获晋君以归。秦穆公曰："扫除先人之庙[②]，寡人将以晋君见。"穆姬闻之，乃与太子罃、公子宏与女简璧，衰绖履薪以迎[③]，且告穆公曰："上天降灾，使两君匪以玉帛相见，乃以兴戎。婢子娣姒，不能相教，以辱君命。晋君朝以入，婢子夕以死。惟君其图之。"公惧，乃舍诸灵台[④]。大夫请以入，公曰："获晋君以功归，今以丧归，将焉用！"遂改馆晋君，馈以七牢而遣之[⑤]。穆姬死，穆姬之弟重耳入秦，秦送之晋，是为晋文公。太子罃思母之恩，而送其舅氏也，作诗曰："我送舅氏，曰至渭阳。何以赠之？路车乘黄。"君子曰："慈母生孝子。"《诗》云："敬慎威仪，维民之则。"穆姬之谓也。

颂曰：秦穆夫人，晋惠之姊。秦执晋君，夫人流涕。痛不能救，及将赴死。穆公义之，遂释其弟。

注释

①公族：诸侯或君王的同族。

②扫除：打扫，去除。

③衰绖cuī dié：丧服。古人丧服胸前当心处缀有长六寸、宽四寸的麻布，名衰，因名此衣为衰；围在头上的散麻绳为首绖，缠在腰间的为腰绖。衰、绖两者是丧服的主要部分。

④灵台：古时帝王观察天文星象、妖祥灾异的建筑。

⑤七牢：牛、羊、豕三牲各七。

译文

秦穆公姬，是秦穆公的夫人，晋献公的女儿，太子申生的同母姐姐，晋惠公的异母姐姐。她贤惠而重义。献公杀了太子申生，驱逐众公子。惠公号称公子夷吾，逃亡到梁国。在晋献公死后，惠公借助秦国的力量得以即位。他刚即位，穆姬就让他将被驱逐的诸位公子接回来，说道："公族是国君的根本。"但惠公没有听从。又背弃了给秦国土地的诺言。晋国闹饥荒，向秦国借粮，秦国给了晋国粮食。等到秦国发生饥荒，向晋国借粮，晋国却不给。秦国于是出兵攻打晋国，俘获了惠公，大胜而归。秦穆公命令说："打扫祖庙，我要杀晋君祭奠祖先。"

穆姬听说后，就与太子罃、公子宏和女儿简璧穿着丧服，踩着柴草去迎接穆公，并对他说：“上天降下灾祸，让两国君主不是用玉帛相见，却是兵戈相向。我作为姐姐没有教育好弟弟，使君命受辱。晋君早上被带进来，我晚上就自焚。希望君王好好考虑一下。”秦穆公害怕，就将晋君拘禁在灵台。大夫们请求带回晋君，秦穆公说：“俘获晋君是带着功劳回来的，现在带着丧事回来，又有什么用？”于是改让晋君住进客馆，派人送去七牢的厚礼，将他送回晋国。

穆姬死后，她弟弟公子重耳来到秦国，秦国送他回到晋国，助他即位，他就是晋文公。太子罃想念母亲的恩惠，给舅舅送行，就写诗道：“我送舅舅回家，送到渭水北边。用什么赠给他？送他一辆黄马大车。”君子说：“慈母生孝子。”说的就是穆姬这样的人。

《诗经》中说：“仪行很谨慎，是百姓的模范。”说的就是穆姬这样的人。

颂说：秦穆夫人，是晋惠公的姐姐。秦国俘获了晋君，夫人哭泣。痛心不能救他，想要赴死。穆公尊重她的大义，就释放了她的弟弟。

楚庄樊姬

樊姬，楚庄王之夫人也。庄王即位，好狩猎。樊姬谏不止，乃不食禽兽之肉。王改过，勤于政事。王尝听朝罢晏[①]，姬下殿迎曰："何罢晏也？得无饥倦乎[②]？"王曰："与贤者语，不知饥倦也。"姬曰："王之所谓贤者何也？"曰："虞丘子也。"姬掩口而笑。王曰："姬之所笑何也？"曰："虞丘子贤则贤矣，未忠也。"王曰："何谓也？"对曰："妾执巾栉十一年[③]，遣人之郑、卫，求美人进于王。今贤于妾者二人，同列者七人。妾岂不欲擅王之爱宠哉[④]？妾闻堂上兼女，所以观人能也。妾不能以私蔽公，欲王多见，知人能也。今虞丘子相楚十余年，所荐非子弟，则族昆弟[⑤]，未闻进贤退不肖，是蔽君而塞贤路。知贤不进，是不忠；不知其贤，是不智也。妾之所笑，不亦可乎？"王悦。明日，王以姬言告虞丘子，丘子避席[⑥]，不知所对。于是避舍，使人迎孙叔敖而进之，王以为令尹，治楚三年，而庄王以霸。楚史书曰："庄王之霸，樊姬之力也。"《诗》曰："大夫夙退，无使君劳。"其"君"者，谓女君也。又曰："温恭朝夕，执事有恪。"此之谓也。

颂曰：樊姬谦让，靡有嫉妒。荐进美人，与己同处。非刺虞丘，蔽贤之路。楚庄用焉，功业遂伯。

注释

①晏：晚。

②得无：岂不，能不。

③执巾栉zhì：手拿丝巾和梳子，是为人妻妾的谦称。

④擅：独揽，独占。

⑤昆弟：兄弟。

⑥避席：古人离席站起，表示恭敬。

译文

楚庄樊姬，是楚庄王的夫人。庄王即位后，喜欢狩猎。樊姬屡次劝告他，他不听，于是樊姬就不再吃肉。庄王这才改正，勤于政事。

一次，庄王听完朝议，散朝时已经很晚了，樊姬下殿迎接他道："怎么散朝晚了？大王饿了吗？累不累？"庄王说道："跟贤能的人说话，没有觉得饥饿困倦。"樊姬说道："大王所说的贤能的人是谁呢？"庄王说："是虞丘子。"樊姬掩口笑了。庄王奇怪道："你为何而笑？"樊姬说道："虞丘子贤能是贤能，但是说不上忠诚。"庄王问道："怎么说？"樊姬回答道："我侍奉大王十一年中，常会派人到郑、卫两国，搜寻美女进献给大王。现在比我贤能的有两人，跟我差不多的是七个人。难道我不想独占大王的宠爱吗？我听说'让女子也一同坐在朝堂上，是为了让君主更便于观察贤能之士'。我不能因为私心蒙蔽了公务，我希望大王能多认识贤能之人。现今虞丘子辅佐楚国已经十多年，他所推荐的人才不是他的子弟，就是自家的兄弟，没有听说他推荐贤才，屏退品行不好的人，他蒙蔽了君主而阻塞了贤能之士的道路。知道别人贤能而不举荐，是不忠；不知道别人贤能，是他不聪明。我因此笑一笑，不也是可以的吗？”庄王听后很高兴。

第二天，庄王将樊姬的话告诉了虞丘子，虞丘子赶紧站起，不知道说什么好。他让出令尹之位，派人迎接孙叔敖并把他推荐给庄王，庄王让孙叔敖做令尹，治理楚国三年，庄王因此称霸。楚国史书上说：“庄王的霸业，是借助樊姬的功劳。”《诗经》中说：“大夫们早些退朝，毋使我君太劳累。”这里的“君”，指的是国君夫人。又说：“早晚都温和谦恭，办事谨慎小心。”说的就是她这样的人。

颂说：樊姬谦让，从不嫉妒。举荐美人，跟自己一起居住。讽刺虞丘子，说他阻塞贤路。楚庄王采用她的谏言，成就霸业。

周南之妻

周南之妻者，周南大夫之妻也。大夫受命平治水土，过时不来。妻恐其懈于王事，盖与其邻人陈素所与大夫言："国家多难，惟勉强之，无有谴怒[①]，遗父母忧。昔舜耕于历山，渔于雷泽，陶于河滨。非舜之事，而舜为之者，为养父母也。家贫亲老，不择官而仕。亲操井臼[②]，不择妻而娶。故父母在，当与时小同，无亏大义，不罹患害而已[③]。夫凤凰不离于蔚罗[④]，麒麟不入于陷阱，蛟龙不及于枯泽。鸟兽之智，犹知避害，而况于人乎！生于乱世，不得道理，而迫于暴虐，不得行义，然而仕者，为父母在故也。乃作诗曰：'鲂鱼赪尾[⑤]，王室如毁。虽则如毁，父母孔迩。'盖不得已也。"君子以是知周南之妻而能匡夫也[⑥]。

颂曰：周大夫妻，夫出治土。维戒无怠，勉为父母。凡事远周，为亲之在。作诗鲂鱼，以敕君子。

注释

①谴怒：谴责。

②井臼：汲水舂米，泛指家务。

③罹：遭受。

④离：通"罹"，遭受。蔚：通"罻 wèi"，捕鸟的

小网。

⑤赪 chēng：赤色。

⑥匡：纠正；匡正。

译文

周南之妻，是周南大夫的妻子。周南大夫受命去治理水土，过了期限还没有回来。妻子担心他懈怠了国家的政事，就向邻居陈述她平时同丈夫说的话："国家多难，要勉励而为，不要有所责难，让父母担忧。过去舜在历山耕田，在雷泽捕鱼，在黄河边做陶器。这些并不是舜应该做的事，可是他都做了，为的是奉养父母。如果家中贫困，父母年老，不必挑选官职就去出任。如果父母亲自操持家务，就不必挑选女子而娶。所以父母在的时候，应当与世俗稍求一致，不损害大义，不遭受祸患就行了。凤凰不会被捕到罗网中，麒麟不会掉入到陷阱中，蛟龙也不会陷入枯泽中。以鸟兽的智慧，尚能知道避开祸害，更何况人呢？生活在乱世之中，不得事理，被暴虐的形势逼迫，不能行义，但仍然去做官，是因为父母还健在的原因。于是作诗道：'鲂鱼劳累尾巴红，王室朝政如火焚。虽然暴政如火焚，家人很近快回家。'这是不得已啊。"君子因此得知周南的妻子能匡正丈夫。

颂说：周南大夫的妻子，丈夫出去治理水土。劝勉他因父母不要懈怠，处理事情要考虑深远。她作"鲂鱼"一诗，以此勉励君子。

宋鲍女宗

女宗者[①]，宋鲍苏之妻也。养姑甚谨。鲍苏仕卫三年，而娶外妻。女宗养姑愈敬。因往来者请问其夫[②]，赂遗外妻甚厚。女宗姒谓曰:“可以去矣。”女宗曰:“何故？”姒曰:“夫人既有所好，子何留乎？”女宗曰:“妇人一醮不改[③]，夫死不嫁，执麻枲[④]，治丝茧，织纴组纠[⑤]，以供衣服，以事夫室。澈漠酒醴[⑥]，羞馈食[⑦]，以事舅姑。以专一为贞，以善从为顺。岂以专夫室之爱为善哉？若其以淫意为心，而扼夫室之好，吾未知其善也。夫礼，天子十二，诸侯九，卿大夫三，士二。今吾夫诚士也，有二，不亦宜乎？且妇人有七见去，夫无一去义。七去之道，妒正为首。淫僻、窃盗、长舌、骄侮、无子、恶病皆在其后[⑧]。吾姒不教吾以居室之礼，而反欲使吾为见弃之行，将安所用此？”遂不听，事姑愈谨。宋公闻之，表其闾，号曰女宗。君子谓女宗谦而知礼。《诗》云:“令仪令色，小心翼翼，故训是式，威仪是力。”此之谓也。

颂曰:宋鲍女宗,好礼知理。夫有外妻,不为变已。称引妇道，不听其姒。宋公贤之，表其闾里。

注释

①女宗：女子的楷模。

②请问：请安问候。

③醮 jiào：嫁。

④麻枲 xǐ：即麻。

⑤纴 rèn：织布帛的丝缕。组：编织。紃 xún：圆形细带。

⑥澈漠：使之澄清。酒醴 lǐ：酒和醴。亦泛指各种酒。

⑦羞：进献。馈食：食物，熟食。

⑧淫僻：放荡淫乱。窃盗：偷窃劫夺。长舌：比喻爱搬弄是非。骄侮：轻慢，侮慢。

译文

女宗是宋国人鲍苏的妻子。她侍奉婆婆十分勤谨。鲍苏到卫国做官，三年后又娶了别的女子。女宗侍奉婆婆更加恭敬了。还通过来往的人问候丈夫，又给丈夫的新妻馈送丰厚的礼物。女宗的姐姐对她说："你可以离开了。"女宗问："为什么呢？"姐姐说："你丈夫已经有了新欢，你留在这里做什么呢？"女宗说："妇人嫁了人就应当从一而终，丈夫死后也不能再嫁，纺麻织丝，织帛编带，制作衣服，供养夫家，准备好清澈甘甜的酒水，做好食物，来侍奉公婆。以心性专一为贞，以善从丈夫为顺。我怎么能以独占丈夫的宠爱为善呢？假如我有淫逸的念头，而扼杀丈夫的喜好，我不知道这有什么好处。按照礼法，天子可以有十二个女人，诸侯可以有九个女人，卿大夫可以有三个女人，士可以有两个女人。如今我的丈夫诚然是士，他有两个女人，不也是很合适吗？况且妇人有七出之法，丈夫连一出之法都没有。七出之中，妒忌是第一条，淫僻、窃盗、长舌、骄侮、无子、恶病都排在后。我的姐姐不教导我持家的礼节，反而要让我做出七出的行为，怎么能这样呢？”于是她就没听从姐姐的话，侍奉公婆更加恭谨了。宋公听说了这件事，就在她住的巷子里立石碑表彰她，赐她“女宗”的称号。

君子称赞女宗谦恭知礼。《诗经》中说：“仪容美好，恭敬谨慎，效法遗训，勉励行礼节。”说的就是她。

颂说：宋鲍女宗，好行礼仪知晓事理。丈夫有了外妻，仍然侍奉公婆。她称述此为妇道，不听姐姐的话。宋公认为她贤惠，在巷子里立石碑旌表她。

晋赵衰妻

晋赵衰妻者，晋文公之女也，号赵姬。初文公为公子时，与赵衰奔狄。狄人入其二女叔隗、季隗于公子，公以叔隗妻赵衰，生盾。及返国，文公以其女赵姬妻赵衰，生原同、屏括、楼婴。赵姬请迎盾与其母而纳之，赵衰辞而不敢。姬曰："不可。夫得宠而忘旧，舍义；好新而嫚故[①]，无恩；与人勤于隘厄[②]，富贵而不顾，无礼。君弃此三者，何以使人？虽妾亦无以侍执巾栉。《诗》不云乎：'采葑采菲，无以下体。德音莫违，及尔同死。'与人同寒苦，虽有小过，犹与之同死而不去，况于安新忘旧乎？又曰：'宴尔新昏，不我屑以。'盖伤之也。君其逆之[③]，无以新废旧。"赵衰许诺，乃逆叔隗与盾来。姬以盾为贤，请立为嫡子，使三子下之。以叔隗为内妇，姬亲下之。及盾为正卿[④]，思赵姬之让恩，请以姬之中子屏括为公族大夫[⑤]。曰："君，姬氏之爱子也。微君姬氏，则臣狄人也，何以至此！"成公许之。屏括遂以其族为公族大夫。君子谓赵姬恭而有让。《诗》曰："温温恭人，维德之基。"赵姬之谓也。

颂曰：赵衰姬氏，制行分明。身虽尊贵，不妒偏房。躬事叔隗，子盾为嗣。君子美之，厥行孔备。

注释

①嫚màn：轻视，侮辱。

②隘厄：困苦，困窘。

③逆：迎接。

④正卿：上卿，春秋时诸侯国的最高执政大臣，权力仅次于国君。

⑤中子：排行居中的儿子。公族大夫：掌管公族及卿大夫子弟的官职。

译文

晋赵衰妻，是晋文公的女儿，号称赵姬。当初文公为公子时，曾和赵衰逃亡到狄国。狄人将叔隗、季隗两名女子送给文公，文公将叔隗送给赵衰为妻，生下了赵盾。等到他们返回晋国，文公又将自己的女儿赵姬嫁给赵衰，生下了原同、屏括、楼婴。

赵姬请赵衰接回赵盾和他的母亲，赵衰推辞，不敢答应。赵姬说："不行。得宠忘旧，是无义；喜好新人，轻慢旧人，是无恩；与人共患难而不能同享富贵，是无礼。你放弃了这三样，怎么能指使别人呢？即使是我，也不能再侍奉你了。《诗经》里不是说吗：'采摘蔓菁和萝卜，勿要丢弃它们的根茎。莫要背弃往日诺言，愿与你恩爱白头偕老。'与人同受寒苦，即使有小过也要与他同生共死，更何况留恋新人忘记旧人呢？《诗经》又说：‘新婚燕尔多甜蜜，对我冷漠又无情。’大概是为此悲伤。你还是去把他们接回来吧，不要因为新人就废弃了旧人。”赵衰答应了，于是接回叔隗与赵盾。赵姬认为赵盾贤能，请赵衰立他为嫡子，让自己所生的三个儿子屈居他之下。让叔隗为嫡妻，自己屈居她之下。

赵盾成为上卿之后，想起赵姬的推让恩德，就请求晋君让赵姬的中子屏括做公族大夫。他说：“他们是赵姬的爱子，如果不是赵姬，我还是狄人，怎么会像现在这个样子！”晋成公答应了他。于是屏括就统率他的家族做了公族大夫。

君子称赞赵姬谦恭礼让。《诗经》中说：“温和宽厚、谦和恭谨的人，美好道德是根本。”说的就是赵姬这样的人。

颂说：赵衰的妻子号称赵姬，上下等级很分明。虽然自己身处尊贵，却不妒偏房。躬身屈居叔隗之下，让赵盾继嗣。君子赞美她，她的德行很完备。

陶荅子妻

陶大夫荅子之妻也。荅子治陶三年，名誉不兴，家富三倍。其妻数谏不用。居五年，从车百乘归休[①]。宗人击牛而贺之[②]，其妻独抱儿而泣。姑怒曰："何其不祥也！"妇曰："夫子能薄而官大[③]，是谓婴害；无功而家昌，是谓积殃[④]。昔楚令尹子文之治国也，家贫国富，君敬民戴，故福结于子孙，名垂于后世。今夫子不然，贪富务大[⑤]，不顾后害。妾闻南山有玄豹，雾雨七日而不下食者，何也？欲以泽其毛而成文章也，故藏而远害。犬彘不择食以肥其身[⑥]，坐而须死耳。今夫子治陶，家富国贫，君不敬，民不戴，败亡之征见矣[⑦]。愿与少子俱脱。"姑怒，遂弃之。处期年，荅子之家果以盗诛，唯其母老以免，妇乃与少子归养姑，终卒天年[⑧]。君子谓荅子妻能以义易利，虽违礼求去，终以全身复礼，可谓远识矣。《诗》曰："百尔所思，不如我所之。"此之谓也。

颂曰：荅子治陶，家富三倍。妻谏不听，知其不改。独泣姑怒，送厥母家。荅子逢祸，复归养姑。

注释

①归休：回家休养。

②宗人：族人。

③能薄：才能微小。

④殃：祸害。

⑤务：追求。

⑥彘 zhì：猪。

⑦征：征兆。见 xiàn：出现，显露。

⑧天年：自然的寿数。

译文

陶荅子妻，是陶大夫荅子的妻子。荅子治理陶地三年，名声不怎么好，家中的财富增加了三倍多。他的妻子多次劝谏他，但荅子没有采纳。

这样过了五年，荅子带百乘车回家休养。同族的人都击牛角祝贺他，只有他的妻子抱着儿子哭。婆婆见了怒道："多么不吉利啊！"媳妇说道："我丈夫没什么能力，但是官职很大，这是会遭受祸患的。没有功劳而家族昌盛，这是会积下祸根的。过去楚国令尹子文治理国家的时候，家中贫困，但国家富有，深受君主敬重，百姓爱戴，所以他的子孙都得以享福，他也名垂后世。现在我的丈夫却不是这样的。他贪图富贵、追求高官，不顾及后患。我听说南山有头玄豹，有雾或下雨的时候，连着七天它都不会下山寻找食物，为什么呢？因为它想要润泽它的皮毛并使之有斑纹，所以深藏着以远离祸害。猪狗不挑选食物，吃胖了，就坐着等死。现今我的丈夫治理陶地，家中富有而国家贫困，君主不敬重，百姓也不爱戴，败亡的征兆已经显露出来。我希望跟小儿子一起离开这里。”婆婆听后很生气，于是就把他们赶走了。

过了一年，荅子全家果真因为贪污罪被杀，只有他的母亲因为年纪大被免除杀头之罪，媳妇于是就带着自己的小儿子回来侍养婆婆，使得婆婆安度余生。

君子称赞荅子的妻子能够用仁义来交换利益，虽然她违背礼法请求离开，但是能保全自身去侍奉婆婆，可以说是有远见。《诗经》中说：“你们考虑上百遍，也不如我去跑一遭。”说的就是这个意思。

颂说：荅子治理陶地，家中财富增加了三倍。妻子劝谏他不听，知道他不会悔改。妻子哭泣惹婆婆生气，婆婆让她回娘家。荅子遭受祸患，她又回来赡养婆婆。

柳下惠妻

鲁大夫柳下惠之妻也。柳下惠处鲁[①]，三黜而不去[②]，忧民救乱。妻曰："无乃渎乎[③]？君子有二耻：国无道而贵，耻也；国有道而贱，耻也。今当乱世，三黜而不去，亦近耻也。"柳下惠曰："油油之民[④]，将陷于害，吾能已乎？且彼为彼，我为我，彼虽裸裎[⑤]，安能污我？"油油然与之处[⑥]，仕于下位。柳下既死，门人将诔之[⑦]。妻曰："将诔夫子之德耶？则二三子不如妾知之也。"乃诔曰："夫子之不伐兮，夫子之不竭兮，夫子之信诚而与人无害兮。屈柔从俗，不强察兮。蒙耻救民，德弥大兮。虽遇三黜，终不蔽兮。恺悌君子，永能厉兮。嗟乎惜哉，乃下世兮，庶几遐年，今遂逝兮。呜呼哀哉，魂神泄兮。夫子之谥，宜为惠兮。"门人从之以为诔，莫能窜一字[⑧]。君子谓柳下惠妻能光其夫矣。《诗》曰："人知其一，莫知其它。"此之谓也。

颂曰：下惠之妻，贤明有文。柳下既死，门人必存。将诔下惠，妻为之辞。陈列其文，莫能易之。

注释

①处鲁：在鲁国做官。

②黜chù：罢免职位或降职。

③渎：轻慢，对人不敬。

④油油：众多的。

⑤裸裎 chéng：赤身裸体。

⑥油油然：和悦恭谨貌。

⑦门人：弟子。诔lěi：古代叙述死者生平，表示哀悼。

⑧窜：改动。

译文

柳下惠妻，是鲁国大夫柳下惠的妻子。柳下惠在鲁国做官，被贬了三次还是没有离开，因为他忧心百姓，想要挽救危难。他妻子说道："这岂不是自轻自贱吗？君子有两种耻辱：一种是国家无道而自己身处富贵，这是其一；一种是国家有道而自己身处贫贱，这是其二。现在正逢乱世，你被贬谪了三次，还不离开，差不多也是耻辱的事了。"柳下惠说道："众多百姓将陷入祸害中，我怎么能不管不顾呢？况且他们是他们，我是我，他们即使赤身裸体，又怎能羞辱我？"于是他恭敬和悦地跟别人相处，担任着低下的职位。柳下惠死后，他的门生想要写诔文纪念他。妻子说道："你们想要给他写诔文纪念他的德行吗？你们还不如我了解他。"于是她写下诔文："夫子不夸耀自己，夫子德行完备，夫子讲究诚信，不做害人之事。他曲意柔顺，依从习俗。遭受耻辱救助百姓，德行实在很广大。虽然遭遇三次废黜，德行仍没被掩盖。温良谦恭的君子，永能砥砺操行。唉，可惜呀，他已经去世了，希望他或许能长寿。没想到现在就已经离开人世。唉，哀痛啊，他的魂灵已经逸出，夫子的谥号，用‘惠’最合适。”门生们将这篇文章作为诔文，没人改动一个字。

君子称赞柳下惠的妻子能将她丈夫的美名发扬光大。《诗经》中说：“人能知道其中之一，但不知道其他的事。”说的就是这个意思。

颂说：柳下惠的妻子，贤明有文采。柳下惠死后，门人哀悼他。想要为他写诔文，妻子要求自己写。陈述生前事成文，没有人去改动它。

鲁黔娄妻

鲁黔娄先生之妻也。先生死，曾子与门人往吊之。其妻出户，曾子吊之。上堂，见先生之尸在牖下，枕墼席稿[1]，缊袍不表[2]，覆以布被，首足不尽敛。覆头则足见，覆足则头见。曾子曰："邪引其被，则敛矣。"妻曰："邪而有余，不如正而不足也。先生以不邪之故，能至于此。生时不邪，死而邪之，非先生意也。"曾子不能应，遂哭之曰："嗟乎！先生之终也，何以为谥？"其妻曰："以康为谥。"曾子曰："先生在时，食不充口，衣不盖形。死则首足不敛，旁无酒肉。生不得其美，死不得其荣，何乐于此而谥为康乎？"其妻曰："昔先生君尝欲授之政，以为国相，辞而不为，是有余贵也。君尝赐之粟三十钟[3]，先生辞而不受，是有余富也。彼先生者，甘天下之淡味[4]，安天下之卑位[5]。不戚戚于贫贱[6]，不忻忻于富贵[7]。求仁而得仁，求义而得义。其谥为康，不亦宜乎？"曾子曰："唯斯人也而有斯妇。"君子谓黔娄妻为乐贫行道。《诗》曰："彼美淑姬，可与寤言。"此之谓也。

颂曰：黔娄既死，妻独主丧。曾子吊焉，布衣褐衾。安贱甘淡，不求丰美。尸不揜蔽，犹谥曰康。

注释

①墼 jī：未烧的砖坯。稿：谷物类的茎秆。

②緼 yǔn 袍：用乱麻絮充内的袍子。

③钟：古代计量单位，春秋时齐国以十釜为一钟。

④甘：以……为甘。

⑤安：以……为安。

⑥戚戚：忧惧貌。

⑦忻 xīn 忻：高兴得意的样子。

译文

鲁黔娄妻，是鲁国黔娄先生的妻子。先生去世之后，曾子与门生前往吊唁。黔娄的妻子出门迎接，曾子上前表达了哀悼，走进厅堂，只见黔娄先生的尸体放在窗户下面，枕着砖头盖着秸秆，穿的是填有乱麻的袍子，盖着粗布被子，头和脚不能一起放到被子里。盖住了头部，脚就露了出来，盖住了脚，头就露了出来。曾子说道："斜着拉被子，就可以盖住他的身体了。"妻子说道："与其斜着盖他使被子还有多的部分，不如摆正盖他，即使这样会盖不住。先生因为正直不邪，才有今天的名望。他在世的时候为人正派，死了之后却要斜盖被子，这不称先生的心意。"

曾子无法回答她，于是哭道："唉！先生去世了，以什么字做谥号呢？"黔娄的妻子回答道："就用'康'

字吧。”曾子说道:“先生在世的时候，食不果腹，衣不蔽体。死后头和脚都没有被盖住,旁边也没有酒肉祭祀。在世的时候没有享受过好日子，死后也没有得到什么荣誉，为什么要用‘康’字呢？”黔娄的妻子说道:“过去国君想要先生治理国政，让他做国相，他推辞没有去做，这已经有了足够的荣耀。君王曾经赏赐给他三十钟的粟米，先生推辞没有接受，这已经有了足够的财富。我的丈夫以天下寡淡的味道为甜，以卑下的地位为安。对贫贱不忧惧，对富贵也不欣喜得意。追求仁而得仁，追求义而得义。他的谥号为‘康’字,不是很合适吗？”曾子说道:“只有这样的人才会有这样的妻子。”

君子称赞黔娄的妻子是个乐贫行道的人。《诗经》中说:“那个端庄美好的女子哟，可以与她一起相叙谈话。”说的就是她。

颂说:黔娄死后，妻子独自主持丧事。曾子去吊唁，见他衣被破旧。他安贫乐贱，不求丰美生活。尸体都没有被盖住，但仍谥号为“康”。

齐相御妻

齐相晏子仆御之妻也[①]，号曰命妇。晏子将出，命妇窥其夫为相御，拥大盖[②]，策驷马，意气洋洋，甚自得也。既归，其妻曰：“宜矣！子之卑且贱也。”夫曰：“何也？”妻曰：“晏子长不满六尺，身相齐国，名显诸侯。今者吾从门间观其志气，恂恂自下[③]，思念深矣。今子身长八尺，乃为之仆御耳，然子之意洋洋若自足者，妾是以去也。”其夫谢曰：“请自改，何如？”妻曰：“是怀晏子之智，而加以八尺之长也。夫躬仁义，事明主，其名必扬矣。且吾闻宁荣于义而贱，不虚骄以贵。”于是其夫乃深自责，学道谦逊，常若不足。晏子怪而问其故，具以实对。于是晏子贤其能纳善自改，升诸景公，以为大夫，显其妻以为命妇。君子谓命妇知善。故贤人之所以成者，其道博矣，非特师傅、朋友相与切磋也[④]，妃匹亦居多焉[⑤]。《诗》云：“高山仰止，景行行止。”言当常向为其善也。

颂曰：齐相御妻，匡夫以道。明言骄恭，恂恂自效。夫改易行，学问靡已。晏子升之，列于君子。

注释

①仆御：驾驶车马的人。

②大盖：马车上的伞篷。

③恂xún恂：恭敬恭顺的样子。

④特：仅，只。

⑤妃匹：配偶。

译文

齐相御妻，是齐相晏子马夫的妻子，号称“命妇”。一次，晏子要出门，命妇偷看他丈夫驾车的样子，他贴着伞盖，鞭笞着马匹，得意洋洋，一副非常神气的样子。马夫回来后，他的妻子说道：“你真是又卑又贱啊！”丈夫问道：“为什么？”妻子说道：“晏子身高不过六尺，他做齐国的宰相，名声显扬各诸侯国。今天我从门缝里看他的神情气度，见他一副谦逊恭顺、深思熟虑的样子。你身高八尺，仅仅是他的马夫，但你却洋洋自得好像很满足的样子，因此我要离开你。”她丈夫道歉道：“我请求改正，如何？”妻子说道：“如果你有晏子的智谋，再加上你八尺的身躯，躬行仁义，侍奉明主，那么你的名声一定会外扬的。而且我听说君子宁可身份低贱而有光荣的美德，也不要地位尊贵而虚骄。”于是她的丈夫深感自责，从此学习道义，谦逊而不自满。

晏子觉得奇怪，就问他原因，马夫如实告诉了晏子。于是晏子嘉奖他能采纳善言，改过自新，将他举荐给景公，让他做大夫，并表彰他的妻子赐以“命妇”的称号。

君子称赞命妇知人善言。因此贤能的人要有所成就，途径是很多的，不仅仅是师傅、朋友跟他切磋，妻子也能帮助他。《诗经》中说：“仰望于高山，行走于大道。”这是说人应当常常向善。

颂说：齐相车夫的妻子，以道义匡正丈夫。希望他由骄狂变得谦恭，言行恭顺作贡献。丈夫改正自身言行，学问不断长进。晏子举荐他，让他进入君子的行列。

楚接舆妻

楚狂接舆之妻也。接舆躬耕以为食，楚王使使者持金百镒、车二驷，往聘迎之，曰："王愿请先生治淮南。"接舆笑而不应，使者遂不得与语而去。妻从市来，曰："先生少而为义，岂将老而遗之哉？门外车迹何其深也？"接舆曰："王不知吾不肖也，欲使我治淮南，遣使者持金、驷来聘。"其妻曰："得无许之乎？"接舆曰："夫富贵者，人之所欲也。子何恶？我许之矣。"妻曰："义士非礼不动，不为贫而易操，不为贱而改行。妾事先生，躬耕以为食，亲绩以为衣，食饱衣暖，据义而动，其乐亦自足矣。若受人重禄，乘人坚良，食人肥鲜，而将何以待之？"接舆曰："吾不许也。"妻曰："君使不从，非忠也。从之又违，非义也。不如去之。"夫负釜甑[①]，妻戴纴器[②]，变名易姓而远徙。莫知所之。君子谓接舆妻为乐道而远害。夫安贫贱而不怠于道者，唯至德者能之。《诗》曰："肃肃兔罝[③]，椓之丁丁[④]。"言不怠于道也。

颂曰：接舆之妻，亦安贫贱。虽欲进仕，见时暴乱。楚聘接舆，妻请避馆。戴纴易姓，终不遭难。

注释

①负：背着。釜甑fǔ zèng：古代用来做饭的器具。

②戴：用头顶着。纴rèn器：纺织工具。

③罝jū：捕兔的网。

④椓zhuó：敲，槌击。丁zhēng丁：敲击木桩的声音。

译文

楚接舆妻，是楚国狂人接舆的妻子。接舆以耕种为生。

一次，楚王派使者带着百镒黄金，驾两辆马车，去请接舆出仕，使者说道："大王希望先生治理淮南。"接舆只是笑笑，没有回答，使者见没话可说，只好回去。

接舆的妻子从市集上回来，说道："先生年轻时修身养性，怎么老了反而要抛弃它了呢？门外的车痕怎么这么深啊？"接舆说道："君王不知道我不成才，想要我治理淮南，派遣使者带着黄金、车马来请我。"他的妻子说道："那你答应他了吗？"接舆说："富贵是人们都想要的，你为什么要讨厌它呢？我已经答应了。"妻子说道："仁义的人不做不合礼法的事，不因为贫困而改变节操，不因为卑贱而改变德行。我侍奉先生，以耕种为生，纺织成衣，吃得饱穿得暖，根据道义而行事，自得其乐，足以自给。倘若接受了别人的厚禄，乘坐别人坚固精美的车子，吃别人的肥美鲜味，那将要如何报答他们呢？”接舆说道：“我没有答应他。”妻子说道：“君王命令你，你不听从，是不忠。答应了君王又违背他，是不义。不如我们离开此地吧。”于是丈夫背着锅碗，妻子顶着织布器具，两人隐姓埋名，搬到了很远的地方，没有人知道他们去了哪里。

君子称赞接舆的妻子安于正道，远离祸害。只有最有道德的人，才能做到安于贫贱而不怠慢道义。《诗经》中说：“猎网整齐严密，敲击木桩丁丁响。”说的就是要坚持道义不懈怠。

颂说：接舆的妻子，和丈夫安于贫贱。虽然想要出仕，但见时局暴乱而放弃。楚王聘请接舆，妻子希望离家躲避。顶着织机改名换姓，始终没有遭到灾祸。

楚老莱妻

楚老莱子之妻也。莱子逃世，耕于蒙山之阳[1]。葭墙蓬室[2]，木床蓍席[3]，衣缊食菽[4]，垦山播种。人或言之楚王曰："老莱，贤士也。"王欲聘以璧帛[5]，恐不来，楚王驾至老莱之门。老莱方织畚[6]。王曰："寡人愚陋[7]，独守宗庙，愿先生幸临之[8]。"老莱子曰："仆山野之人，不足守政[9]。"王复曰："守国之孤，愿变先生之志。"老莱子曰："诺。"王去，其妻戴畚莱[10]，挟薪樵而来[11]，曰："何车迹之众也？"老莱子曰："楚王欲使吾守国之政。"妻曰："许之乎？"曰："然。"妻曰："妾闻之，可食以酒肉者，可随以鞭捶。可授以官禄者，可随以铁钺[12]。今先生食人酒肉，受人官禄，为人所制也。能免于患乎？妾不能为人所制。"投其畚莱而去。老莱子曰："子还，吾为子更虑。"遂行不顾，至江南而止，曰："鸟兽之解毛，可绩而衣之。据其遗粒，足以食也。"老莱子乃随其妻而居之。民从而家者，一年成落，三年成聚。君子谓老莱妻果于从善。《诗》曰："衡门之下，可以栖迟。泌之洋洋，可以疗饥。"此之谓也。

颂曰：老莱与妻，逃世山阳。蓬蒿为室，莞葭为盖。楚王聘之，老莱将行。妻曰世乱，乃遂逃亡。

注释

①阳：山的南边。

②葭 jiā 墙：用芦苇当墙。葭，初生的芦苇。蓬室：用蓬蒿建房。蓬，蓬蒿。

③蓍shī：一种多年生草本植物。

④缊 yùn：乱麻。菽shū：豆类的总称。

⑤璧帛：璧玉与丝绢，指珍贵的礼物。

⑥畚 běn：畚箕，古代用蒲草或竹篾编织的盛物器具。

⑦愚陋：愚钝浅陋。

⑧幸临：敬辞。光临，惠临。

⑨守政：治理政务。

⑩莱lái：草名，又名藜。

⑪薪樵：柴火。

⑫铁钺fū yuè：铡刀和大斧，用来腰斩和砍头的刑具，这里指刑戮。

译文

楚老莱妻，是楚国老莱子的妻子。莱子远离世俗，在蒙山的南边耕种，以芦苇作墙，以蓬蒿作房，以木为床，以草为席，穿的是粗布麻衣，吃的是豆子，开垦山地播种粮食。

有人对楚王说："老莱子是一位贤士。"楚王想要让人带着玉帛等厚礼去请老莱子出仕，担心他不来，就亲自驾车到老莱子家门前。当时老莱子正在编织畚箕。楚王说道："寡人愚蠢浅陋，独自主政，希望先生能赐教辅助。"老莱子说道："我不过是个山野之人，没有才能处理政务。"楚王又说道："我是孤家寡人，希望能改变先生的志向。"老莱子答道："好吧！"楚王离开后，老莱子的妻子头顶草筐，夹着柴草回来，问道："为什么车辙印这么多呢？"老莱子说道："楚王想要我辅政。"妻子问道："你答应他了吗？"老莱子说："答应他了。"妻子说道："我听说，可以供给你酒肉的人，也可以鞭打你。可以赐给你官位的人，也可以处罚你。现今先生你吃了别人的酒肉，接受了人家的官禄，就会被人牵制。又怎能免除祸患呢？我不想被别人牵制。"说完，她扔掉手里的畚箕和藜草就要离开。老莱子说道："你回来吧，我听你的话再考虑一下。"

于是两人一起义无反顾地离开蒙山，一直往前逃，到了江南才停住，妻子说道："鸟兽的皮毛，可以织成衣服穿。拾取它们吃剩下的粮食粒，也可以充饥。"老莱子便跟着妻子一起居住下来。其他的人跟着来到他们住的地方定居，一年以后这里形成小村落，三年后形成大的村庄。君子称赞老莱子的妻子果敢从善。《诗经》中说："支起横木做简陋的门框，可以在此栖息逗留。河溪浩浩荡荡在流淌，欣赏清泉可以忘忧愁。"说的就是这个道理。

颂说：老莱子与妻子，避世居住在山南。以蓬蒿为室，以蒲草为墙。楚王亲自聘请他，老莱子将要出行去做官。妻子说时局混乱，两人一起逃亡。

楚於陵妻

楚於陵子终之妻也。楚王闻於陵子终贤，欲以为相，使使者持金百镒，往聘迎之。於陵子终曰："仆有箕帚之妾[①]，请入与计之。"即入，谓其妻曰："楚王欲以我为相，遣使者持金来。今日为相，明日结驷连骑[②]，食方丈于前[③]，可乎？"妻曰："夫子织屦以为食[④]，非与物无治也。左琴右书，乐亦在其中矣。夫结驷连骑，所安不过容膝。食方丈于前，所甘不过一肉。今以容膝之安、一肉之味，而怀楚国之忧，其可乎？乱世多害，妾恐先生之不保命也。"于是子终出，谢使者而不许也。遂相与逃，而为人灌园。君子谓於陵妻为有德行。《诗》云："愔愔良人[⑤]，秩秩德音。"此之谓也。

颂曰：於陵处楚，王使聘焉。入与妻谋，惧世乱烦。进往遇害，不若身安。左琴右书，为人灌园。

注释

①箕帚之妾：对妻子的谦称。

②结驷连骑：车马连接着，形容很豪华。

③食方丈：吃的食物在跟前摆了一丈，形容食物丰盛。

④织屦 jù：用麻、草、丝、革等为材料编织鞋子。

⑤愔 yīn 愔：和悦安静的样子。

译文

楚於陵妻，是楚国於陵子终的妻子。楚王听说於陵子终是一个贤士，想要任用他为宰相，于是派遣使者带着百镒黄金去聘迎他。於陵子终说：“请让我进屋去跟我的妻子商议一下。”於陵子终进去后，对他的妻子说道：“楚王想让我为相，派遣使者拿着金子来。今天我为相，明天就会乘坐豪华大车，食用丰盛的饭菜，我可以接受吗？”妻子说道：“你平时以织鞋来维持生计，远离世俗，与琴书相伴，乐在其中。那驷马高车，能容纳的不过是两膝而已，那么多丰盛的酒席菜肴陈列在眼前，香甜可口的不过是一块肉而已。今天你要为了容膝的安逸、一块肉的美味，而担负楚国的忧患，这样能行吗？乱世中多祸害，我担心你保不住性命。”于是子终出来辞谢了使者，没有答应他。之后他们夫妻二人一起逃走，给别人灌溉园圃。

君子称赞於陵子终的妻子有德行。《诗经》中说：“温和贤良的君子，彬彬有礼好品德。”说的就是她这样的人。

颂说：於陵子终在楚国，楚王派人去聘请他。他入屋与妻子商量，妻子恐怕世道混乱。出仕做官会遭受祸害，不如保住性命。琴书相伴，为人灌园。

卷三　仁智传

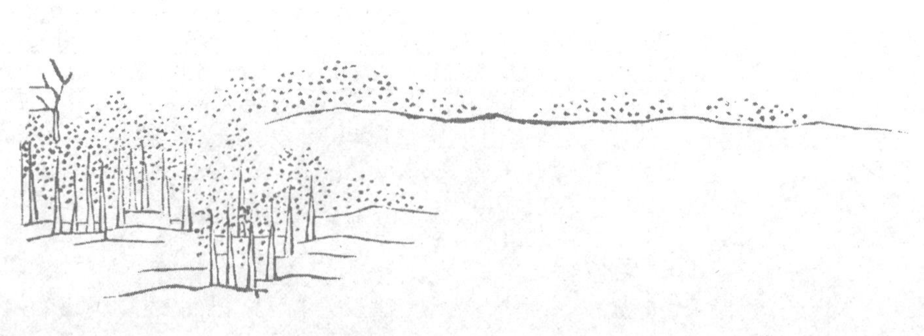

密康公母

密康公之母，姓隗氏。周共王游于泾上，康公从，有三女奔之。其母曰："必致之王。夫兽三为群，人三为众，女三为粲。王田不取群，公行下众，王御不参一族。夫粲，美之物，归汝，而何德以堪之①？王犹不堪，况尔小丑乎②？"康公不献，王灭密。君子谓密母为能识微。《诗》云："无已大康，职思其忧。"此之谓也。

颂曰：密康之母，先识盛衰。非刺康公，受粲不归。公行下众，物满则损。俾献不听，密果灭殒。

注释

①堪：勉强承受。

②小丑：微贱之辈。

译文

密康公的母亲，姓隗。周共王在泾水游玩，康公随从，有三个女子跟着他。康公的母亲说道："你一定要把她们献给国君。野兽三只以上称为群，人三个以上就称之为众，女人三个以上叫粲。国君打猎不取太多的野兽，诸侯行事与众人一起商议，国君娶妻不能娶同姓的三个女子。那三个美貌女子都归你所有，你又有什么德行能够承受得起呢？君王尚且不能承受，更何况是你这种小人物呢？”康公没有听从母亲的话进献三个女子，周共王果真灭了密国。

君子称赞密康公的母亲能够见微知著。《诗经》中说：“不要过于康乐，还要想到忧患。”说的就是这个道理。

颂说：密国康公的母亲，能预见盛衰。批评康公，得到美女不进献。诸侯行事与众人商议，物满则亏。康公不听取建议，密国最终被灭。

楚武邓曼

邓曼者，武王之夫人也。王使屈瑕为将伐罗。屈瑕号莫敖，与群帅悉楚师以行。斗伯比谓其御曰[①]："莫敖必败。举趾高[②]，心不固矣。"见王曰："必济师[③]。"王以告夫人。邓曼曰："大夫非众之谓也，其谓君抚小民以信，训诸司以德，而威莫敖以刑也。莫敖狃于蒲骚之役[④]，将自用也[⑤]，必小罗[⑥]。君若不镇抚，其不设备乎[⑦]？"于是王使赖人追之，不及。莫敖令于军中曰："谏者有刑。"及鄢，师次乱济。至罗，罗与卢戎击之，大败。莫敖自经荒谷[⑧]。群帅囚于冶父以待刑。王曰："孤之罪也。"皆免之。君子谓邓曼为知人。《诗》云："曾是莫听，大命以倾。"此之谓也。王伐随，且行，告邓曼曰："余心荡[⑨]，何也？"邓曼曰："王德薄而禄厚，施鲜而得多。物盛必衰，日中必移。盈而荡，天之道也。先王知之矣，故临武事，将发大命，而荡王心焉。若师徒毋亏[⑩]，王薨于行，国之福也。"王遂行，卒于樠木之下[⑪]。君子谓邓曼为知天道。《易》曰："日中则昃，月盈则亏。天地盈虚，与时消息。"此之谓也。

颂曰：楚武邓曼，见事所兴。谓瑕军败，知王将薨。识彼天道，盛而必衰。终如其言，君子扬称。

注释

①御：车夫，马夫。

②举趾：举足，抬脚。

③济：帮助，救助。

④狃 niǔ：因袭，拘泥。

⑤自用：刚愎自用，不接受别人的意见。

⑥小：以……为小，轻视。

⑦设备：设置作战准备。

⑧自经：上吊自杀。

⑨心荡：心跳不安。

⑩师徒：士卒，军队。

⑪ 樠 mán 木：古书中的一种树，木材像松木。

译文

邓曼，是楚武王的夫人。武王派屈瑕率兵征伐罗国。屈瑕号“莫敖”，与诸位将领一同率领全部楚国大军出发了。斗伯比跟他的马夫说道：“莫敖一定会战败。他走路时，脚抬得很高，心中一定很浮躁。”他觐见武王说道：“务必要增援军队！”

武王将这件事告诉了他的夫人邓曼。邓曼说道：“斗伯比所说的并不是增派援兵的意思，而是说君王要以诚信安抚百姓，以仁德来训诫百官，以刑法来威慑莫敖。莫敖倨傲于蒲骚的战功，自行其是，率兵打仗时一定会轻视罗国。君王若是不约束他，他怎会作预防准备呢？”于是武王派赖国人追赶莫敖，但没有追到。

莫敖在军中下令道：“凡是敢劝谏的人受军法处置！”等到了鄢水的时候，军队渡河时，纪律涣散。到了罗国，罗军与卢戎一起对战楚军，楚军大败。莫敖在荒谷中上吊自杀。楚军的诸位将领被囚禁在冶父等待处置。武王说道：“这是寡人的罪过。”就全部免了他们的罪。君子称赞邓曼懂得用人。《诗经》中说：“竟然如此不听劝，国家法令将倾亡。”说的正是这种情况。

一次，武王准备征伐随国，将要出发时，他对邓曼说道：“我心跳不安，这是为什么呢？”邓曼说道：“大王德行不足但财富丰厚，施舍很少得到却很多。事物兴盛过后必然走向衰竭，太阳升至中天后必然要西斜，满了就会溢出，这是自然道理。先王深知这个道理，所以临近作战，就会下达重要命令，君王内心常常忐忑。如果军士没有损失，君王死在了路上，这是国家的福分。”武王率军征战，后来死在了樠树下。君子称赞邓曼能知天道。《周易》中说：“日中就会西斜，月满就会匮缺。天地的盈虚，随时都会发生变化。”说的就是这个道理。

颂说：楚武王夫人邓曼，能见到事情的兴起发展。她预言屈瑕的军队会败，预知武王会死去。她懂得天道，盛极必衰。事情果然像她所说的那样，君子对她赞扬称道。

许穆夫人

许穆夫人者，卫懿公之女，许穆公之夫人也。初，许求之，齐亦求之，懿公将与许，女因其傅母而言曰："古者诸侯之有女子也，所以苞苴玩弄[1]，系援于大国也。言今者许小而远，齐大而近。若今之世，强者为雄。如使边境有寇戎之事[2]，维是四方之故，赴告大国[3]，妾在，不犹愈乎？今舍近而就远，离大而附小，一旦有车驰之难，孰可与虑社稷？"卫侯不听，而嫁之于许。其后翟人攻卫，大破之，而许不能救，卫侯遂奔走涉河[4]，而南至楚丘。齐桓往而存之，遂城楚丘以居。卫侯于是悔不用其言。当败之时，许夫人驰驱而吊唁卫侯[5]，因疾之，而作诗云："载驰载驱，归唁卫侯。驱马悠悠，言至于漕。大夫跋涉，我心则忧。既不我嘉，不能旋反。视尔不臧，我思不远。"君子善其慈惠而远识也。

颂曰：卫女未嫁，谋许与齐。女讽母曰，齐大可依。卫君不听，后果遁逃。许不能救，女作《载驰》。

注释

①苞苴jū：用来馈赠的礼物。

②寇戎：敌军侵犯。

③赴告：春秋时各国以崩薨及祸福之事相告。前者

称“赴”，后者称“告”。

④奔走：逃跑，逃走。

⑤吊唁 yàn：祭奠哀悼死者，慰问生者。

译文

许穆夫人，是卫懿公的女儿，许穆公的夫人。当初许国来向卫国求婚，齐国也来求婚，卫懿公想把女儿嫁给许国，她通过傅母向父亲转告道：“古时候诸侯生养了女儿，把她们当作可用来馈赠的礼物，来攀附大国。如今许国弱小又离得很远，齐国强大而且离得很近。当今局势，强者称雄。假如我国边境有敌军侵犯，要靠四方国家的救援，如果向大国求援，而大国因为有我在，救援不是很方便吗？现在舍近求远，远离大国而附和小国，一旦有兵事战乱，我们又能求助于谁呢？”但卫侯没有听取她的建议，还是把她嫁到了许国。

后来翟人攻打卫国，卫兵大败，而许国又不能去救援，卫侯逃亡过河，往南到了楚丘。齐桓公出兵援助，保存了卫国，卫国遗民在楚丘筑城居住。卫侯这才后悔没有听从女儿的话。当卫兵战败的时候，许穆夫人疾驰回家吊唁卫侯，因心中对卫侯有所埋怨，作诗道：“驾着马车飞速奔跑，回去吊唁哀悼卫侯。驱赶马车路途遥远，我要赶回故国漕邑。大夫跋涉阻拦我，让我悲伤让我愁。你们对我不好，不能让我回家乡。看你们对我不善，更难摆脱对宗国的思念。”君子称赞她慈爱贤惠又有远见。

颂说：卫国的女子还没有出嫁时，希望嫁给齐国。女子劝告父母说，齐国强大可以依附。卫国国君不听从，后来逃亡流离。许国不能去营救，女子写下诗歌《载驰》。

曹僖氏妻

曹大夫僖负羁之妻也。晋公子重耳亡[①]，过曹，恭公不礼焉。闻其骈胁[②]，近其舍，伺其将浴，设微薄而观之[③]。负羁之妻言于夫曰："吾观晋公子，其从者三人，皆国相也。以此三人者，皆善戮力以辅人[④]，必得晋国。若得反国，必霸诸侯而讨无礼，曹必为首。若曹有难，子必不免，子胡不早自贰焉[⑤]？且吾闻之：'不知其子者，视其父；不知其君者，视其所使。'今其从者皆卿相之仆也，则其君必霸王之主也。若加礼焉，必能报施矣[⑥]。若有罪焉，必能讨过。子不早图[⑦]，祸至不久矣。"负羁乃遗之壶飧[⑧]，加璧其上，公子受飧反璧。及公子反国，伐曹，乃表负羁之闾[⑨]，令兵士无敢入。士民之扶老携弱而赴其闾者[⑩]，门外成市。君子谓僖氏之妻能远识。《诗》云："既明且哲，以保其身。"此之谓也。

颂曰：僖氏之妻，厥智孔白。见晋公子，知其兴作。使夫馈飧，且以自托。文伐曹国，卒独见释。

注释

①亡：逃亡。

②骈胁piánxié：肋骨紧密连成整体，一种生理的畸形。

③微薄：很薄的帘。

④戮 lù 力：勉力，协力合作。

⑤贰：有二心于晋国公子重耳。

⑥报施：报答。施，功劳。

⑦图：图谋，谋划。

⑧遗 wèi：给予，馈赠。壶飧 sūn：用壶盛的汤饭或其他熟食。飧，同“飱”。

⑨闾 lǘ：街巷中的大户。

⑩士民：泛指人民、百姓。

译文

曹僖氏妻，是曹国大夫僖负羁的妻子。晋国公子重耳逃亡，路过曹国时，曹恭公并不礼待他。他听说重耳的肋骨连成整体，就悄悄靠近他的住所，等到他洗澡的时候，设薄帘窥视他。

负羁的妻子对她的丈夫说道：“我观察了晋国公子，认为他的三个随从都是国相之才，有了这三个人的协力辅助，公子重耳一定会成为晋国之君。如果他返回晋国，一定会称霸诸侯，并讨伐对他无礼的国家。那时候，曹国一定是第一个被征伐的国家。如果曹国有难，你也不能幸免，你为什么不早点表明自己跟曹恭公的不同呢？况且我还听说：‘不了解儿子的，要观察他的父亲；不了解君王的，要观察他任用的人。’如今公子重耳的随从都是具备卿相才能的人，公子也一定会成为称霸的君主。如果你对他以礼相待，他日一定会报答你；你要是得罪了他，他一定会追究你的过失。你要是不早作打算，离祸害也就不远了。”于是负羁给重耳送饭送汤，上面还放了一块美玉，公子接受了饭食而退回了美玉。等到公子返回晋国后，不久就讨伐曹国，却在负羁所住的闾巷门口刻石表彰他，命令士兵不能闯入。于是曹国的百姓都扶老携弱地逃到负羁家，他家的门外成了闹市。

君子称赞僖负羁的妻子有远见。《诗经》中说：“既明智又聪明，保全了其身。”说的就是这个意思。

颂说：曹国大夫僖负羁的妻子，她的智慧很显著。观察晋国公子，知道他将大有作为。她让丈夫馈送食物，以身家相托。后来文公攻打曹国，唯独放过了他们。

孙叔敖母

楚令尹孙叔敖之母也①。叔敖为婴儿之时，出游，见两头蛇②，杀而埋之。归见其母而泣焉。母问其故，对曰："吾闻见两头蛇者死，今者出游见之。"其母曰："蛇今安在？"对曰："吾恐他人复见之，杀而埋之矣。"其母曰："汝不死矣。夫有阴德者，阳报之。德胜不祥，仁除百祸。天之处高而听卑。《书》不云乎：'皇天无亲，惟德是辅。'尔嘿矣③，必兴于楚。"及叔敖长，为令尹。君子谓叔敖之母知道德之次。《诗》云："母氏圣善。"此之谓也。

颂曰：叔敖之母，深知天道。叔敖见蛇，两头岐首。杀而埋之，泣恐不及。母曰阴德，不死必寿。

注释

①令尹：春秋战国时楚国执政官名，相当于宰相。

②两头蛇：蛇的一种。无毒，尾圆钝，骤看颇像头，且有与头部相同的行动习性，故名。古人传说见之者死。

③嘿 mò：同"默"，不作声。

译文

孙叔敖母，是楚国令尹孙叔敖的母亲。孙叔敖小时候，有一次外出玩耍，看见一条两头蛇，便将它杀了之后埋了。他回家后看见母亲就哭了起来。母亲问他缘故，他说："我听说看见两头蛇的人会死，我今天出去玩看见了。"他的母亲问："那蛇现在在哪里？"孙叔敖回答道："我怕别人再见到它，就把它杀了埋了。"他的母亲说："你不会死的。有阴德的人就会得到阳报，德行能够战胜不祥，仁爱可以免除百祸。上天高高在上，是能够了解世间之事的。《尚书》不是说：'上天公正无私，总是帮助品德高尚的人'吗？你不要声张，以后你一定会在楚国兴旺发达。"孙叔敖长大后，果然担任了楚国的令尹。

君子称赞孙叔敖的母亲了解道德的规律。《诗经》中说："母亲明智又善良。"说的就是这个意思。

颂说：孙叔敖的母亲，知晓天道。孙叔敖见了两头蛇，将它杀死并埋了，哭着恐怕自己死掉。母亲说他积了阴德，不会死反会长寿。

晋伯宗妻

晋大夫伯宗之妻也。伯宗贤，而好以直辩凌人。每朝，其妻常戒之曰："盗憎主人，民恶其上。有爱好人者，必有憎妒人者。夫子好直言，枉者恶之，祸必及身矣。"伯宗不听，朝而以喜色归。其妻曰："子貌有喜色，何也？"伯宗曰："吾言于朝，诸大夫皆谓我知似阳子。"妻曰："实谷不华，至言不饰[①]，今阳子华而不实，言而无谋，是以祸及其身，子何喜焉？"伯宗曰："吾欲饮诸大夫酒，而与之语，尔试听之。"其妻曰："诺。"于是为大会，与诸大夫饮。既饮，而问妻曰："何若？"对曰："诸大夫莫子若也。然而民之不能戴其上久矣[②]，难必及子。子之性固不可易也，且国家多贰，其危可立待也。子何不预结贤大夫，以托州犁焉？"伯宗曰："诺。"乃得毕羊而交之。及栾不忌之难，三郤害伯宗[③]，谮而杀之[④]。毕羊乃送州犁于荆[⑤]，遂得免焉。君子谓伯宗之妻知天道。《诗》云："多将熇熇[⑥]，不可救药。"伯宗之谓也。

颂曰：伯宗凌人，妻知且亡。数谏伯宗，厚许毕羊。属以州犁，以免咎殃。伯宗遇祸，州犁奔荆。

注释

①至言：富有哲理而合情理的话。

②戴：拥护，拥戴。

③三郤 xì：春秋晋大夫郤锜、郤犨、郤至的合称。

④谮 zèn：谗言，说别人的坏话。

⑤荆：春秋时楚国的别称。

⑥熇 hè 熇：火势旺盛的样子。

译文

晋伯宗妻，是晋国大夫伯宗的妻子。伯宗很贤明，但是说话正直，盛气凌人。每当他上朝的时候，他的妻子常劝告道："强盗憎恶主人，百姓憎恨国君。有喜爱你的人，也一定会有憎恶你的人。你说话很直，被你指责的人就会很恨你，祸患必然降到你身上。"伯宗不听她的劝告，上完朝后面带喜色地回来。他的妻子说道："你面有喜色，这是为什么？"伯宗说道："我在朝堂上谈论，各大夫都说我的才能就像阳子一样。"妻子说道："饱满的谷子不开花，真理不需要去修饰，如今阳子华而不实，说得多却没有谋略，这是灾祸将要降临，你还有什么好高兴的？"伯宗说道："我想宴请各位大夫喝酒，跟他们一起谈谈话，你去听听吧。"妻子答道："好。"

于是伯宗大宴宾客，请众位大夫饮酒。宴会之后，伯宗问他的妻子："怎么样？"妻子回答道："诸位大夫没有比得上你的。但是老百姓对官员不满意已经很久了，国家有难的时候，一定会殃及你。你的性格又改不了，况且国家的人多怀有二心，马上就要发生危难了。你为何不预先结交贤德的大夫，把我们的儿子州犁托付给他们呢？”伯宗说：“好。”于是跟毕羊结交。

后来晋国发生了栾不忌作乱的事，三郤忌恨伯宗，进献谗言把他给杀了。于是毕羊将伯宗的儿子州犁送到了楚国，使之幸免于难。君子称赞伯宗的妻子懂得天道。《诗经》中说：“错事做很多，将不可救药。”说的就是像伯宗这样的人。

颂说：伯宗盛气凌人，他的妻子知道要遭祸。多次劝谏伯宗，让伯宗厚交毕羊。托他照顾州犁，以免以后遭殃。伯宗遇到灾祸，州犁逃到了楚国。

卫灵夫人

卫灵公之夫人也。灵公与夫人夜坐，闻车声辚辚，至阙而止，过阙复有声。公问夫人曰："知此谓谁？"夫人曰："此必蘧伯玉也。"公曰："何以知之？"夫人曰："妾闻：礼，下公门[①]，式路马[②]，所以广敬也。夫忠臣与孝子，不为昭昭信节[③]，不为冥冥堕行[④]。蘧伯玉，卫之贤大夫也，仁而有智，敬于事上。此其人必不以闇昧废礼[⑤]，是以知之。"公使视之，果伯玉也。公反之，以戏夫人曰："非也。"夫人酌觞再拜贺公[⑥]。公曰："子何以贺寡人？"夫人曰："始妾独以卫为有蘧伯玉尔，今卫复有与之齐者，是君有二贤臣也。国多贤臣，国之福也。妾是以贺。"公惊曰："善哉！"遂语夫人其实焉。君子谓卫夫人明于知人道[⑦]。夫可欺而不可罔者[⑧]，其明智乎！《诗》云："我闻其声，不见其人。"此之谓也。

颂曰：卫灵夜坐，夫人与存。有车辚辚，中止阙门。夫人知之，必伯玉焉。维知识贤，问之信然。

注释

①公门：国君宫室之外的门。

②式：通"轼"，古代车厢前用作扶手的横木。以手抚轼，为古人表示尊敬的礼节。路马：古代君

主驾车的马。因君主之车为路车，故称。

③昭昭：光明，明亮。信shēn：表现，展现。

④冥冥：昏暗不明。堕：通“惰”，懈怠，怠惰。

⑤闇昧 àn mèi：昏暗不明。

⑥酌觞 shāng：斟酒。觞，古代的酒器。再拜：拜了两拜，表示郑重、恭敬的意思。

⑦人道：为人之道。指一定社会中要求人们遵循的道德规范。

⑧罔 wǎng：迷惑。

译文

卫灵夫人，是卫灵公的夫人。一天晚上，灵公与夫人坐在一起，听到了辚辚的车声，那车到宫阙前就停止了，过了宫阙又响起来。卫灵公问夫人：“你知道这个人是谁吗？”夫人说道：“这人一定是蘧伯玉。”灵公问道：“你是怎么知道的？”夫人说道：“我听说，按照礼的规定，车马行驶到宫门，就要停下向国君的马敬礼，这是为了表示尊重。忠臣孝子，不会在明处表露礼节，在暗处行礼也不会懈怠。蘧伯玉是卫国的贤能大夫，仁义又有智谋，对君王恭敬侍奉。这个人一定不会因为天色昏暗就荒废礼制，因此我知道是他。”灵公派人去看，果然是蘧伯玉。

灵公返回，想要跟夫人开个玩笑，就说道：“不是他呀。”夫人给灵公斟酒拜了两次恭贺他。灵公问：“你为什么要恭贺我？”夫人说道：“起初我以为卫国只有一位蘧伯玉，如今看来卫国又有跟他一样的人，君王就有两位贤臣了。国家贤臣多，是国家的福分啊。我因此恭贺您。”灵公惊叹道：“你说得真好！”随后告诉了她实情。

君子称赞夫人清楚地了解为人处世的道理。可以被欺骗但不能被迷惑的人，是很明智的呀！《诗经》中说：“我听见了他的声音，却没看见他的人。”说的就是这个意思。

颂说：卫灵公晚上坐宫中，夫人陪侍。听见辚辚的车声，在宫门外就停止了。夫人知道那人一定是伯玉。她能辨识贤才，一问果然是伯玉。

齐灵仲子

齐灵仲子者，宋侯之女，齐灵公之夫人也。初，灵公娶于鲁，声姬生子光，以为太子。夫人仲子，与其娣戎子皆嬖于公[①]。仲子生子牙，戎子请以牙为太子代光，公许之。仲子曰："不可。夫废常[②]，不祥；闻诸侯之难，失谋。夫光之立也，列于诸侯矣。今无故而废之，是专绌诸侯[③]，而以难犯不祥也。君必悔之。""在我而已。"仲子曰："妾非让也[④]，诚祸之萌也。"以死争之，公终不听，遂逐太子光，而立牙为太子，高厚为傅。灵公疾，高厚微迎光[⑤]。及公薨，崔杼立光而杀高厚。以不用仲子之言，祸至于此。君子谓仲子明于事理。《诗》云："听用我谋，庶无大悔。"仲子之谓也。

颂曰：齐灵仲子，仁智显明。灵公立牙，废姬子光。仲子强谏，弃适不祥[⑥]。公既不听，果有祸殃。

注释

①嬖 bì：宠幸，宠爱。

②常：封建社会宣扬的所谓恒久不变的人与人之间的关系准则，即伦常、纲常。

③绌：通"黜"，罢免，贬退。

④让：推辞，推让。

⑤微：暗中。

⑥适dí：通“嫡”。

译文

齐灵仲子，是宋国国君的女儿，齐灵公的夫人。起初，灵公娶了鲁国的声姬，她生了个儿子叫光，被立为太子。夫人仲子和她陪嫁的妹妹戎子都受到灵公的宠爱。仲子生下儿子名牙，戎子请求灵公让牙做太子取代光，灵公答应了她。仲子说道：“不可以！废除伦常是不吉利的；受到诸侯们的责难，是失策。光立为太子的事，已经传达于诸侯各国。现在无缘无故废掉他，是专擅而轻视各诸侯，是以责难来触犯不祥的事情。君王一定会后悔的。”灵公说道：“废不废太子一切在于我。”仲子说道：“我不是要推让，这样做实在是会引发祸端啊。”她以死力争，但灵公最终没有听取她的意见，驱逐了太子光，立牙为太子，让高厚做太子的老师。

等到灵公病重时，高厚悄悄把光接回来。等到灵公死后，崔杼立光为国君，并杀了高厚。因为没有采用仲子的建议，竟导致这样的祸乱。

君子称赞仲子明白事理。《诗经》中说：“你若听用我的建议，希望不要后悔。”说的就是仲子这样的人。

颂说：齐灵公的夫人仲子，仁爱聪明，明察事理。灵公立牙为太子，废了声姬之子光。仲子竭力劝谏，废弃嫡子不祥。灵公不听从，最终遭受了祸殃。

鲁臧孙母

臧孙母者，鲁大夫臧文仲之母也。文仲将为鲁使至齐，其母送之曰："汝刻而无恩[①]，好尽人力，穷人以威，鲁国不容子矣，而使子之齐。凡奸将作，必于变动。害子者，其于斯发事乎？汝其戒之[②]。鲁与齐通壁[③]，壁邻之国也。鲁之宠臣多怨汝者，又皆通于齐高子[④]、国子，是必使齐图鲁而拘汝。留之，难乎其免也。汝必施恩布惠，而后出以求助焉。"于是文仲托于三家，厚士大夫而后之齐。齐果拘之，而兴兵欲袭鲁。文仲微使人遗公书，恐得其书，乃谬其辞曰[⑤]："敛小器，投诸台。食猎犬，组羊裘。琴之合，甚思之。臧我羊，羊有母。食我以同鱼。冠缨不足，带有余。"公召大夫相与议之[⑥]，莫能知之。人有言："臧孙母者，世家子也[⑦]，君何不试召而问焉？"于是召而语之曰："吾使臧子之齐，今持书来云尔，何也？"臧孙母泣下襟曰："吾子拘有木治矣[⑧]。"公曰："何以知之？"对曰："'敛小器，投诸台'者，言取郭外萌[⑨]，内之于城中也。'食猎犬，组羊裘'者，言趣飨战斗之士而缮甲兵也[⑩]。'琴之合，甚思之'者，言思妻也。'臧我羊，羊有母'者，告妻善养母也。'食我以同鱼'，同者，其文错。错者，所以治锯。锯者，所以治木也。是有木治系于狱矣。'冠缨不足，带有余’者，头乱不得梳，饥不得食也。故知吾子拘而有木治矣。”于是以臧孙母之言军于境上。齐方发兵，将以袭鲁，闻兵在境上，乃还文仲而不伐鲁。君子谓臧孙母识微见远。《诗》云：“陟彼屺兮，瞻望母兮。”此之谓也。

颂曰：臧孙之母，刺子好威。必且遇害，使援所依。既厚三家，果拘于齐。母说其书，子遂得归。

注释

①刻：刻薄，苛刻。

②戒：警惕，防备。

③通壁：接壤，临近。

④通：往来，有交情。

⑤谬其辞：使用隐蔽暗示的文字。

⑥相与：一起，共同。

⑦世家子：显赫人家的子女。

⑧木治：古代木制的手铐。

⑨萌：同“氓”，古代称老百姓。

⑩趣cù：急促，快。飨xiǎng：赏赐，犒劳。缮shàn：整饬，修补。甲兵：铠甲和兵器。

译文

鲁臧孙母，是鲁国大夫臧文仲的母亲。一次，文仲作为鲁国使臣到齐国，他的母亲为他送行，对他说道：“你刻薄寡恩，好竭尽使用人力，以威势欺负人，鲁国已经不能容你了，才让你到齐国去。凡有奸诈之事要做，一定会先有变动。想要害你的人，恐怕会在这个时候下手吧？你要谨慎小心！鲁国与齐国接壤，齐国是鲁国的邻国。鲁国中大多数怨恨你的宠臣，又都与齐国的高子、国子交好，他们一定会让齐国图谋鲁国，并且拘禁你。你想要留在鲁国是不可能的了。你一定要广施恩德，然后才能出来求助。”于是文仲就厚交了三家士大夫，然后才出访齐国。

齐国果然拘禁了他，并打算起兵袭击鲁国。文仲暗中派人送信给鲁国的国君，他担心书信会落到敌人手里，就用隐语写道：“敛小器，投诸台。食猎犬，组羊裘。琴之合，甚思之。臧我羊，羊有母。食我以同鱼。冠缨不足，带有余。”鲁国国君召集大夫一起研究讨论，没有人能看懂这封信。有人说：“臧文仲的母亲是世家子，君王何不试着将她召来问问呢？”于是国君便召来臧孙母，问道：“我派臧子到齐国，现在他的信中这样说，是什么意思？”臧孙母看完信后，哭着说道：“我儿子被带上刑具拘禁了。”君王问道：“你怎么会知道？”臧孙母说道：“‘敛小器，投诸台’意思是说要将城外的百姓迁到城市之中。‘食猎犬，组羊裘’说的是要赶快犒劳士兵，修好铠甲兵器以备战。‘琴之合，甚思之’意思是很想念妻子。‘臧我羊，羊有母’这一句是要告诫妻子好好侍养母亲。‘食我以同鱼’，‘同鱼’是交错的文采，‘错’是用来修理锯子的，锯子用来锯开木料，这句话是说他戴着刑具被关在牢狱中了。‘冠缨不足，带有余’是说头发蓬乱没有梳理，衣服宽余是因为饥饿瘦了下来。所以我知道我的儿子带着刑具关在牢狱中了。”于是鲁公便依照臧孙母的话，在边境上驻扎军队。齐国正要发动军队，偷袭鲁国，听说鲁国已经派兵驻守边界，就放了文仲，再也不敢打鲁国了。

君子称赞臧孙母能识微见远。《诗经》中说：“登上光秃秃的山哟，远远地望着母亲。”说的就是这个意思。

颂说：鲁国大夫臧文仲的母亲，批评儿子好威势。母亲觉得儿子一定会遭到祸害，劝他求得援助有所依托。厚交三家大夫，儿子果然被拘留在齐国。母亲解说他的信书，儿子得以回家。

晋羊叔姬

叔姬者，羊舌子之妻也，叔向、叔鱼之母也，一姓杨氏。叔向名肸，叔鱼名鲋。羊舌子好正，不容于晋，去而之三室之邑。三室之邑人相与攘羊而遗之[①]，羊舌子不受。叔姬曰："夫子居晋不容，去之三室之邑，又不容于三室之邑，是于夫子不容也，不如受之。"羊舌子受之，曰："为肸与鲋亨之[②]。"叔姬曰："不可。南方有鸟，名曰乾吉，食其子，不择肉，子常不遂。今肸与鲋，童子也，随大夫而化者，不可食以不义之肉。不若埋之，以明不与[③]。"于是乃盛以瓮，埋垆阴[④]。后二年，攘羊之事发，都吏至，羊舌子曰："吾受之，不敢食也。"发而视之，则其骨存焉。都吏曰："君子哉！羊舌子不与攘羊之事矣。"君子谓叔姬为能防害远疑。《诗》曰："无曰不显，莫予云觏。"此之谓也。

叔向欲娶于申公巫臣氏，夏姬之女，美而有色。叔姬不欲娶其族。叔向曰："吾母之族，贵而无庶，吾惩舅氏矣。"叔姬曰："子灵之妻杀三夫、一君、一子，而亡一国、两卿矣。尔不惩此，而反惩吾族，何也？且吾闻之，有奇福者，必有奇祸；有甚美者，必有甚恶。今是郑穆少妃姚子之子，子貉之妹也。子貉早死无后，而天钟美于是，将必以是大有败也。昔有仍氏生女，发黑而甚美，光可监人[5]，名曰玄妻。乐正夔娶之，生伯封。宕有豕心[6]，贪婪毋期，忿戾无厌[7]，谓之封豕[8]。有穷后羿灭之，夔是用不祀。且三代之亡，及恭太子之废，皆是物也。汝何以为哉？夫有美物足以移人，苟非德义，则必有祸也。”叔向惧而不敢娶，平公强使娶之，生杨食我，食我号曰伯硕。伯硕生时，侍者谒之叔姬曰：“长姒产男。”叔姬往视之，及堂，闻其号也而还，曰：“豺狼之声也。狼子野心，今将灭羊舌氏者，必是子也。”遂不肯见。及长，与祁胜为乱，晋人杀食我，羊舌氏由是遂灭。君子谓叔姬为能推类。《诗》云：“如彼泉流，无沦胥以败。”此之谓也。

叔姬之始生叔鱼也，而视之曰：“是虎目而豕喙，鸢肩而牛腹。溪壑可盈，是不可厌也，必以赂死。”遂不见。及叔鱼长，为国赞理[9]。邢侯与雍子争田，雍子入其女于叔鱼，以求直。邢侯杀叔鱼与雍子于朝。韩宣子患之。叔向曰：“三奸同罪，请杀其生者而戮其死者[10]。”遂族邢侯氏，而尸叔鱼与雍子于市。叔鱼卒以贪死，叔姬可谓智矣。《诗》云：“贪人败类。”此之谓也。

颂曰：叔向之母，察于情性。推人之生，以穷其命。叔鱼食我，皆贪不正。必以货死，果卒分争。

注释

①攘 rǎng：偷。

②亨 pēng：通"烹"，煮。

③与：参加，参与。

④垆阴：房屋后面。垆，同"庐"。

⑤监 jiàn：照视。

⑥宕 dàng：放纵，放荡。

⑦忿戾 fèn lì：蛮横无理，动辄发怒。厌：满足。

⑧封豕：大猪。

⑨赞理：代理，助理。

⑩戮：陈列尸体示众。

译文

晋羊叔姬，是羊舌子的妻子，叔向、叔鱼的母亲，一说姓杨。叔向名肸，叔鱼名鲋。羊舌子刚正，不被晋国所容，他就离开晋国来到三室之邑。三室之邑的人合伙偷了羊，送给羊舌子一只，羊舌子没有接受。叔姬说道："你在晋国不被容纳，离开晋国到了这里，又不能被三室之邑容纳，看来你到哪里都不会被容纳了，你还是接受吧。"羊舌子接受了羊，说："给两个孩子煮了吃。"叔姬说："不可以。南方有种鸟叫乾吉，喂养它们的雏鸟时，什么肉都喂给雏鸟吃，因此它们的子女常常不能顺利长大。如今肸与鲋都还是小孩子，还在接受你的教化，不可以给他们吃不义之肉。不如把羊埋了，表明我们没有参与这件事。”于是他们就把羊装在瓮里，埋在了屋后。过了两年，偷羊的事情被揭发了，都吏来查，羊舌子说道：“我接受了别人送的羊，但没有敢吃。”他们把瓮挖出来看，羊骨头还在里面。都吏说：“真是君子啊！羊舌子并没有参与偷羊的事。”君子称赞叔姬能预防祸害远离嫌疑。《诗经》中说：“不要说室内光线暗，没人能够看清我。”说的正是她啊。

叔向想要娶申公巫臣和夏姬的女儿，她很貌美。叔姬却不想让儿子娶那个家族的人。叔向说：“我母亲的族人，出身高贵但是没有庶出的，我要以舅家女儿不易生育作为鉴戒了。”叔姬说道：“巫臣的妻子已经杀死了三个丈夫、一个君主、一个儿子，而且使得一个国家灭亡，害死了两个大臣。你不以此为鉴，反而要以我的族人为鉴，是为什么呢？况且我听说，有奇福的人必有奇祸；特别美丽的人必有特别丑恶之处。你看中的人是郑穆少妃姚子的女儿，子貉的妹妹。子貉死得早，没有后代，上天将美丽集中在她的身上，将来必然引来祸患。曾经有仍氏生了一个女儿，她头发乌黑，极其美丽，光彩照人，名叫玄妻。乐正夔娶了她，生下了伯封。伯封放荡，心智跟野猪一样，他贪婪无度，蛮横暴躁，别人都叫他大野猪。有穷后羿将他灭了，乐正夔因此得不到后代祭祀。而且夏商周三朝之所以灭亡，还有太子申生被废，都是因为贪恋美色的缘故，你为何还要娶她呢？有了美丽的东西后就能动摇人心，如果不是有德之人，一定会引发祸端的。”叔向害怕了，不敢娶那个女孩，晋平公强迫叔向将她娶了回去，并生下了杨食我，号称伯硕。伯硕出生的时候，侍者拜见叔姬说：“姐姐生了个男孩。”叔姬过去，才走到堂屋，听到婴儿的哭啼声就往回走，说道：“这哭声像豺狼一样！他是狼子野心，今后灭掉羊舌氏一族的一定是这个孩子。”于是她再也不肯见这个小孩。等到伯硕长大了后，他与祁胜一起作乱，被晋国人杀死，羊舌氏一族由此灭绝。君子称赞叔姬能够推断事理。《诗经》中说：“如同泉水流去，相率败亡与陈腐。”说的就是这种情况。

叔姬刚生下叔鱼，看着婴儿说：“这孩子的眼睛像虎，嘴巴像野猪，肩膀上耸像老鹰，肚子像牛腹。沟溪可以填满，但他不会满足。他一定会因为贿赂罪死去。”于是就不再见他。叔鱼长大了后，担任国家的赞理。邢侯与雍子争夺田地，雍子将女儿送给叔鱼，让他帮忙说话。后来邢侯在朝堂上杀死了叔鱼和雍子。韩宣子对这件事很忧心。叔向说道：“三个奸人都有罪，请你将活着的杀了，死的也应该将尸体示众。”于是韩宣子就将刑侯氏灭族，将叔鱼与雍子的尸体暴露在集市上示众。叔鱼最终果然因为贪婪而死，叔姬可以称得上明智啊！《诗经》中说：“贪婪的人是败类。”说的就是这个意思。

颂说：叔向的母亲，明察人的性情。推究人的出生，知晓人的命运。叔鱼和食我，都是贪婪不正之人。一定会因为受贿而死，最终死于纷争之事中。

晋范氏母

晋范氏母者，范献子之妻也。其三子游于赵氏。赵简子乘马园中，园中多株[1]，问三子曰：“奈何？”长者曰：“明君不问不为，乱君不问而为。”中者曰：“爱马足则无爱民力，爱民力则无爱马足。”少者曰：“可以三德使民。设令伐株于山，将有马为也[2]。已而开囿，示之株。夫山远而囿近，是民一悦矣。去险阻之山而伐平地之株，民二悦矣。既毕而贱卖，民三悦矣。”简子从之，民果三悦。少子伐其谋[3]，归以告母。母喟然叹曰[4]：“终灭范氏者，必是子也。夫伐功施劳，鲜能布仁。乘伪行诈[5]，莫能久长。”其后智伯灭范氏。君子谓范氏母为知难本。《诗》曰：“无忝尔祖，式救尔讹。”此之谓也。

颂曰：范氏之母，贵德尚信。小子三德，以诈与民。知其必灭，鲜能有仁。后果逢祸，身死国分。

注释

①株：树桩，露出地面的树根。

②有马为：有马活动的地方。

③伐：自夸。

④喟然：感叹、叹息貌。

⑤乘伪行诈：指弄虚作假。

译文

晋范氏母，是范献子的妻子。一天，她的三个儿子在赵氏那里游玩。赵简子在园中乘马，园子里有很多树根挡住了道路，赵简子问三个孩子："这怎么处理呢？"老大说："圣明的君主不经询问是不会轻易做事的，昏聩的君主不询问就直接行事。"老二说："如果您爱护马足，就无法爱护民力；如果您爱护民力，就不会爱护马足。"最小的那个说道："可以用三种恩德去使用民力。您设下命令让人们上山砍树根，马就有活动之地了。接着再开放苑囿，让人们砍伐树木。山远而苑囿很近，这是使百姓高兴的第一件事。离开险阻高山而在平坦的地上砍伐树根，这是让百姓高兴的第二件事。砍伐完后，将这些树根便宜卖给百姓，这是让人们高兴的第三件事。"简子采用了老三的建议，百姓果然都高兴了三次。

小儿子夸耀自己的谋划，回来就将这件事告诉了母亲。母亲长叹道："最终使范氏灭绝的，一定是这个孩子。喜欢夸耀自己功劳，给别人带来劳苦的人，很少能布施仁德。做事弄虚作假，也是不能长久的。"后来智伯灭了范氏一家。

君子称赞范氏母知道祸难的根本。《诗经》中说："不要辱没你的祖先，要保全你的子孙。"说的就是这个意思。

颂说：晋国范氏的母亲，崇尚道德信用。小儿子说的三德，是欺诈百姓。范母知道他一定会遭灭亡，因为他很少能实行仁德。后来他果真遇到灾祸，死后封地被瓜分。

鲁公乘姒

鲁公乘姒者，鲁公乘子皮之姒也[①]。其族人死，姒哭之甚悲。子皮止姒曰："安之，吾今嫁姊矣。"已过时，子皮不复言也。鲁君欲以子皮为相，子皮问姒曰："鲁君欲以我为相，为之乎？"姒曰："勿为也。"子皮曰："何也？"姒曰："夫临丧而言嫁，一何不习礼也！后过时而不言，一何不达人事也[②]！子内不习礼，而外不达人事，子不可以为相。"子皮曰："姒欲嫁，何不早言？"姒曰："妇人之事，唱而后和。吾岂以欲嫁之故数子乎[③]？子诚不习于礼，不达于人事。以此相一国，据大众[④]，何以理之？譬犹揜目而别黑白也[⑤]。揜目而别黑白，犹无患也。不达人事而相国，非有天咎[⑥]，必有人祸。子其勿为也。"子皮不听，卒受为相。居未期年[⑦]，果诛而死。君子谓公乘姒缘事而知弟之遇祸也，可谓智矣。待礼然后动，不苟触情，可谓贞矣。《诗》云："萚兮萚兮[⑧]，风其吹汝，叔兮伯兮，唱予和汝。"又曰："百尔所思，不如我所之。"此之谓也。

颂曰：子皮之姊，缘事分理。子皮相鲁，知其祸起。姊谏子皮，殆不如止。子皮不听，卒为宗耻。

注释

①姒 sì：姐姐。

②达：通达事理。

③数：数落，责备。

④据：占据，统有。

⑤揜 yǎn：遮蔽，掩盖。

⑥天咎：天灾。

⑦期 jī 年：一年。

⑧萚 tuò：草木脱落的皮或叶。

译文

鲁公乘姒，是鲁公乘子皮的姐姐。一次，同族的一个人死了，她哭得非常悲伤。子皮劝姐姐说道："你安心吧，我就将姐姐嫁出去。"但之后子皮没有再提起这件事。

鲁国国君想任用子皮为相，子皮问姐姐道："鲁君想要我为相，我可以去吗？"姐姐说："不要去。"子皮问道："为什么呢？"姐姐说："上次在我参加葬礼的时候你说要将我嫁给别人，这是多么不懂礼仪啊！后来你又不再提这件事，又是多么不通达事理。你在家中不懂礼仪，在外面又不通达人情，因此不能做相。"子皮说道："姐姐想要嫁出去，为什么不早说呢？"姐姐说道："女人出嫁之事，有人提出之后自己才会表态。我怎么会是因为想要嫁人才责备你呢？你实在是不懂礼仪，又不通事理。像这样去做一国之相，管理百姓，靠什么去治理呢？就好像蒙着眼睛去辨别黑白。蒙着眼睛去辨别黑白还没有什么祸患，不通达事理人情去做国相，即使没有天灾，也一定会有人祸。你还是不要去做国相了。”子皮不听，最后接受了相位。他担任国相还没满一年，果然被诛杀而死。

君子称赞公乘姒能根据子皮的行为预测他将会遇到祸害，可以说得上是智慧的人！她遵守礼法，不苟且触动私情，可以说是坚贞了。《诗经》中说：“黄叶儿脱落，秋风吹拂着你。弟弟啊哥哥啊！你领唱我会和。”又说：“你们考虑上百遍，也不如我去跑一遭。”说的就是这个意思。

颂说：子皮的姐姐，根据事情分辨道理。子皮为鲁国国相，知道将会发生灾祸。姐姐劝谏子皮，恐怕不如回避。子皮没有听取，最终成为宗族的耻辱。

鲁漆室女

漆室女者，鲁漆室邑之女也。过时未适人[①]。当穆公时，君老，太子幼。女倚柱而啸[②]，旁人闻之，莫不为之惨者。其邻人妇从之游，谓曰："何啸之悲也？子欲嫁耶？吾为子求偶。"漆室女曰："嗟乎！始吾以子为有知，今无识也。吾岂为不嫁不乐而悲哉！吾忧鲁君老，太子幼。"邻妇笑曰："此乃鲁大夫之忧，妇人何与焉？"漆室女曰："不然，非子所知也。昔晋客舍吾家[③]，系马园中。马佚驰走，践吾葵，使我终岁不食葵。邻人女奔随人亡[④]，其家倩吾兄行追之[⑤]。逢霖水出[⑥]，溺流而死。令吾终身无兄。吾闻河润九里，渐洳三百步[⑦]。今鲁君老悖，太子少愚，愚伪日起。夫鲁国有患者，君臣父子皆被其辱[⑧]，祸及众庶[⑨]，妇人独安所避乎？吾甚忧之。子乃曰妇人无与者，何哉？"邻妇谢曰："子之所虑，非妾所及。"三年，鲁果乱，齐楚攻之，鲁连有寇。男子战斗，妇人转输，不得休息。君子曰："远矣，漆室女之思也！"《诗》云："知我者，谓我心忧，不知我者，谓我何求。"此之谓也。

颂曰：漆室之女，计虑甚妙。维鲁且乱，倚柱而啸。君老嗣幼，愚悖奸生。鲁果扰乱，齐伐其城。

注释

①过时：这里指超过应当婚嫁的年纪。

②啸：撮口作声，打口哨。

③舍 shè：住宿，休息。

④亡：逃跑。

⑤倩：请人代自己做某事。

⑥霖水：一直下个不停的雨。

⑦渐洳 rù：湿润。

⑧被：蒙受，遭受。

⑨庶 shù：平民，百姓。

译文

漆室女，是鲁国漆室邑的女子。她过了婚嫁年纪却还没有嫁人。当时是穆公执政，穆公年纪大了，太子年纪还很小。

一次，漆室女倚靠在柱子上长啸，旁人听了，都觉得悲伤。她邻居家的一个妇女跟她一起游玩，就问她："你为什么要发出这么悲伤的长啸呢？是因为你想要嫁人了吗？我去帮你找对象。"漆室女说道："唉！以前我还以为你聪明，现在才知道你什么都不懂啊。我怎么可能会因为没嫁人而感到不快和难过呢？让我感到忧愁的是我们的君王老了，太子还年幼。"邻居的妇女笑着说道："这是鲁国大夫应该忧虑的事情，与你一介女流有何相干？"

漆室女说道："不是这样的，这你就不懂了。以前有个从晋国来的人住在我家，将马系在园子里，马脱缰跑了，践踏了我家的葵菜，让我们一年都吃不到葵菜。另一件是邻居家的女儿跟人家私奔，他的家人请我的哥哥去追她。正好碰上连绵的大雨，我哥哥淹死在水流中，让我终身都没有哥哥。我听说黄河润泽九里，滋润两岸三百步。现在君王老迈糊涂，太子年少无知，愚妄欺骗的事情每天都在发生。鲁国要是发生了乱事，君臣父子都会蒙受耻辱，祸及百姓，妇女们又怎能独独避免呢？我为此非常担忧啊！而你却说这不干妇女的事，为什么要这样说呢？"邻居的妇女道歉道："你所考虑的，是我比不上的。"

三年之后，鲁国果然大乱，齐、楚两国一起攻打鲁国，鲁国连年都有外患。男子去参加战争，妇女运输军粮物资，也不能休息。

君子说道："漆室女想得真深远啊！"《诗经》中说："理解我的人，说我是忧愁悲痛。不理解我的人，问我把何求？"说的就是这个意思。

颂说：鲁国漆室邑的女子，考虑问题深远。想到鲁国将有祸乱，倚靠柱子长啸。鲁国国君年老，太子年幼，愚悖奸生。鲁国果然有祸乱，齐国攻伐占了城。

魏曲沃负

曲沃负者，魏大夫如耳母也。秦立魏公子政为魏太子，魏哀王使使者为太子纳妃而美，王将自纳焉。曲沃负谓其子如耳曰："王乱于无别，汝胡不匡之[①]？方今战国，强者为雄，义者显焉。今魏不能强，王又无义，何以持国乎？王，中人也[②]，不知其为祸耳。汝不言，则魏必有祸矣。有祸，必及吾家。汝言以尽忠，忠以除祸，不可失也。"如耳未遇间，会使于齐，负因款王门而上书曰[③]："曲沃之老妇也，心有所怀，愿以闻于王。"王召入。负曰："妾闻男女之别，国之大节也。妇人脆于志，窳于心[④]，不可以邪开也。是故必十五而笄[⑤]，二十而嫁，早成其号谥，所以就之也。聘则为妻[⑥]，奔则为妾，所以开善遏淫也。节成[⑦]，然后许嫁，亲迎，然后随从，贞女之义也。今大王为太子求妃，而自纳之于后宫，此毁贞女之行，而乱男女之别也。自古圣王必正妃匹[⑧]，妃匹正则兴，不正则乱。夏之兴也以涂山，亡也以末喜。殷之兴也以有娎，亡也以妲己。周之兴也以太姒，亡也以褒姒。周之康王夫人晏出朝，《关雎》预见，思得淑女以配君子。夫雎鸠之鸟，犹未尝见乘居而匹处也[⑨]。夫男女之盛，合之以礼，则父子生焉，君臣成焉，故为万物始。君臣、父子、夫妇三者，天下之大纲纪也[10]。三者治则治，乱则乱。今大王乱人道之始，弃纲纪之务。敌国五六，南有从楚，西有横秦，而魏国居其间，可谓仅存矣。王不忧此，而从乱无别，父子同女，妾恐大王之国政危矣。”王曰：“然，寡人不知也。”遂与太子妃，而赐负粟三十钟，如耳还而爵之。王勤行自修[11]，劳来国家，而齐、楚、强秦不敢加兵焉。君子谓魏负知礼。《诗》云：“敬之敬之，天维显思。”此之谓也。

颂曰：魏负聪达，非刺哀王。王子纳妃，礼别不明。负款王门，陈列纪纲。王改自修，卒无敌兵。

注释

①匡：纠正。

②中人：中等的人，凡人。

③款：敲打，叩。

④窳 yǔ：懒惰。

⑤笄 jī：古时女子十五岁的成年礼节。

⑥聘：订婚，迎娶。

⑦节成：指长大。节，骨节。成，成长。

⑧妃 pèi 匹：配偶。

⑨乘居：犹双居。匹处：雌雄同处。

⑩纲纪：纲常，法度。

⑪自修：自我修养，修养自己的品德性情。

译文

魏曲沃负，是魏国大夫如耳的母亲。秦国立魏国的公子政为魏国的太子，魏哀王派使者为太子纳妃。太子妃长得很美，哀王想要自己占有。曲沃负对他的儿子如耳说："魏王乱了伦常，父子无别，你为什么不去纠正他呢？当今是强国称雄的时代，有道义的国家就会显赫。现在魏国不强大，魏王又不行仁义，怎能保住国家呢？魏王是个平庸的人，不知道这样会招来祸患。你要是不劝谏的话，魏国一定会出现祸乱。有了祸乱，一定会殃及我家。你进言是为了尽忠，尽忠可以免除祸害，不要错失了这个机会。"

如耳一直没有找到进谏的机会，就受命出使齐国。于是曲沃负到君王的宫前上书道："我是曲沃的一个老妇，心中有些想法，希望能讲给大王听。"魏王召她进来。曲沃负说道："我听说男女之别，是国家重要的礼度规范。妇女的意志比较脆弱，心性懒惰，不能让邪僻的事去引诱她们。因此女子在十五岁的时候成年，二十岁的时候嫁出去，让她们早早就有了谥号。正式订婚迎娶的是妻，没有通过正当礼节而私奔的就是妾，这样是为了启发善风，遏制淫邪的习气。女子成人后才可嫁人，亲迎后才可跟从丈夫，这是贞女应遵守的道义。如今大王为太子纳妃，而将太子妃充于自己的后宫，这毁了贞女之行，扰乱了男女之别。自古以来圣明的君主一定会重视配偶的品行，配偶品行端正，国家就会兴盛，反之就会引发祸乱。夏朝的兴起源自涂山氏，灭亡是因为末喜。殷朝的兴起源自有娎氏，亡国是因为妲己。周朝的兴起源自太姒，亡国是因为褒姒。周康王的夫人每天很晚才走出卧室，于是诗人以《关雎》诗篇作教诲，想要让美丽善良的女子配给君子。雎鸠这种鸟，还没有人见过它们双宿双飞。男女成年后，通过礼仪结合在一起，才有父子关系、君臣关系，所以夫妻为万物的开始。君臣、父子、夫妇之道，是天下最重要的纲纪。三种关系处理得好，天下就会安定。处理得不好，天下就会大乱。现在大王开扰乱人伦之端，摈弃了纲常法度。魏国有五六个敌国，南面有合纵的楚国，西面有连横的秦国，魏国处在中间，可以说是勉强存在。大王不忧心这些国事，却扰乱人伦纲常，父子同娶一个女子，我担忧大王的国政会出现危险啊！”魏王说：“你说得对，我也太糊涂了。”于是就把太子妃还给了太子，赏赐给曲沃负三十钟粟米。如耳回国后,魏王封给他爵位。魏王勤奋自修,努力治国。齐国、楚国以及强大的秦国都不敢派兵来攻打魏国。

君子称赞曲沃负深知礼法。《诗经》中说：“警戒啊警戒，天道显赫不可欺。”说的就是这个意思。

颂说：曲沃负聪明贤达，讥刺批评哀王。哀王想娶太子妃，不循礼仪荒唐至极。她叩开宫门前去进谏，陈述纲纪与伦常。哀王改正错误，自我修养，敌兵不敢侵犯。

赵将括母

赵将马服君赵奢之妻，赵括之母也。秦攻赵，孝成王使括代廉颇为将。将行，括母上书言于王曰："括不可使将。"王曰："何以？"曰："始妾事其父，父时为将，身所奉饭者以十数，所友者以百数。大王及宗室所赐币者，尽以与军吏士大夫。受命之日[①]，不问家事。今括一旦为将，东向而朝军吏[②]，吏无敢仰视之者。王所赐金帛，归尽臧之[③]。乃日视便利田宅可买者[④]。王以为若其父乎？父子不同，执心各异[⑤]。愿勿遣。"王曰："母置之，吾计已决矣。"括母曰："王终遣之，即有不称[⑥]，妾得无随乎[⑦]？"王曰："不也。"括既行，代廉颇。三十余日，赵兵果败，括死军覆[⑧]。王以括母先言，故卒不加诛。君子谓括母为仁智。《诗》曰："老夫灌灌，小子蹻蹻，匪我言耄，尔用忧谑。"此之谓也。

颂曰：孝成用括，代颇距秦。括母献书，知其覆军。愿止不得，请罪止身。括死长平，妻子得存。

注释

①受命：接受君主命令。

②朝军吏：让军吏来拜见。

③臧 cáng：同“藏”，收藏。

④乃：并且，而且。

⑤执心：居心，怀有的想法。

⑥称：称职。

⑦得无：能不。随：受到牵累。

⑧覆：倾覆，灭亡。

译文

赵国大将马服君赵奢的妻子，就是赵括的母亲。秦国攻打赵国，孝成王派赵括代替廉颇为大将军。

赵括要出征之时，赵括的母亲上书给孝成王说：“不能任用赵括为大将。”孝成王问：“为何？”赵括母亲答道：“以前我侍奉他父亲的时候，他受命为将军，在军中亲自捧饭给过数十人，朋友多达数百人。大王和王室贵族所赐的钱，他也都分给了军吏和士大夫。他从接到命令那天起就不再过问家事。现在赵括做了大将，东向而坐，接受军吏的拜见，军吏都不敢抬头看他。大王所赏赐的黄金布帛，他也都拿回家全部藏起来。他还每天都留心可以买下的便宜合适的田地房子。大王您觉得他像他的父亲吗？父子不同，所持有的心思也不同，希望大王不要派遣他去。”赵王说道：“您还是别管了，我主意已定。”赵括的母亲说道：“大王一定要派他去，如果他不称职，我能够不受牵累吗？”大王说：“不会的。”

赵括代替廉颇领兵出征，三十天后，赵兵果然战败，赵括战死，全军覆没。赵王因为赵括的母亲有言在先，所以最后没有诛杀她。

君子称赞赵括母亲仁智。《诗经》中说："老先生诚恳，小后生骄纵，不是我糊涂昏聩，是你当作开玩笑。"说的就是这个意思。

颂说：孝成王用赵括，代廉颇率兵拒秦军。赵括的母亲上书孝成王，料定赵括会全军覆没。希望能阻止此行，却不得，她请罪不连累别人。赵括死长平，妻子儿女得以存活。

卷四　贞顺传

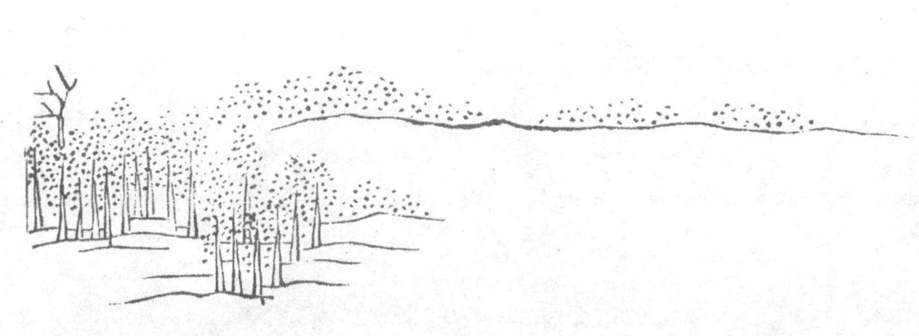

召南申女

召南申女者，申人之女也。既许嫁于丰，夫家礼不备而欲迎之。女与其人言：“以为夫妇者，人伦之始也，不可不正。《传》曰：‘正其本，则万物理。失之毫厘，差之千里。’是以本立而道生，源治而流清。故嫁娶者，所以传重承业[①]，继续先祖[②]，为宗庙主也。夫家轻礼违制，不可以行。”遂不肯往。夫家讼之于理[③]，致之于狱。女终以一物不具，一礼不备，守节持义，必死不往，而作诗曰：“虽速我狱，室家不足。”言夫家之礼不备足也。君子以为得妇道之仪，故举而扬之，传而法之，以绝无礼之求，防淫欲之行焉[④]。又曰：“虽速我讼，亦不女从。”此之谓也。

颂曰：召南申女，贞一修容。夫礼不备，终不肯从。要以必死，遂至狱讼。作诗明意，后世称诵。

注释

①传重：以丧祭及宗庙之重责传之于孙。古代宗法严嫡庶之别，若嫡子残疾死亡，或子庶而孙嫡，即以孙继祖。由祖言之，谓之传重，由孙言之，谓之承重。承业：继承先代的基业。

②继续：承继，嗣续。

③理：法律；掌管刑狱的官。

④淫欲：情欲，淫荡的欲望。

译文

召南申女，是申国的女子。她被许配给丰城的一个男子，但男方家里没有备齐礼仪，就想要将她迎娶过去。申女就对男方家里人说："夫妻关系是人伦之始。不可以不守规矩。《易传》说：'使根本端正，万物就会有秩序。细微的失误，可导致巨大的差错。'因此只有立下根基才会树立道义，水源干净，水流才会清澈。娶妻嫁女，本来就是为了传重承业，嗣续先祖，守护宗庙。夫家轻视礼仪，违背规矩，我不能嫁过去。"于是她就不肯到男方家中。男方诉诸法律，将她投入牢狱。申女始终因为聘礼不周全，礼节不完备而坚守节操，不背弃节义，宁死不嫁，并且作诗道："即使让我打官司，想将我娶白日梦！"这是说男方家中礼节不全备。

君子认为申女坚持了妇道的礼仪，所以赞扬她，广为传扬，让人们学习她，以杜绝无礼的要求，防范淫荡的行为。申女又作诗道："即使让我进官府，我也绝不依从你！"说的就是这个意思。

颂说：召南申国的女子，守正专一。夫家礼仪不周全，始终不肯出嫁。誓死不肯顺从，夫家将她告上官。申女作诗表决心，后世将她广称颂。

宋恭伯姬

伯姬者，鲁宣公之女，成公之妹也。其母曰缪姜，嫁伯姬于宋恭公。恭公不亲迎，伯姬迫于父母之命而行。既入宋，三月庙见[①]，当行夫妇之道。伯姬以恭公不亲迎，故不肯听命。宋人告鲁，鲁使大夫季文子如宋，致命于伯姬。还复命。公享之[②]，缪姜出于房，再拜曰："大夫勤劳于远道，辱送小子[③]，不忘先君以及后嗣，使下而有知，先君犹有望也。敢再拜大夫之辱。"伯姬既嫁于恭公十年，恭公卒，伯姬寡。至景公时，伯姬尝遇夜失火，左右曰："夫人少避火。"伯姬曰："妇人之义，保傅不俱，夜不下堂[④]，待保傅来也。"保母至矣，傅母未至也。左右又曰："夫人少避火。"伯姬曰："妇人之义，傅母不至，夜不可下堂，越义求生，不如守义而死。"遂逮于火而死[⑤]。《春秋》详录其事，为贤伯姬，以为妇人以贞为行者也。伯姬之妇道尽矣。当此之时，诸侯闻之，莫不悼痛[⑥]，以为死者不可以生，财物犹可复，故相与聚会于澶渊，偿宋之所丧。《春秋》善之。君子曰："礼，妇人不得傅母，夜不下堂，行必以烛。伯姬之谓也。"《诗》云："淑慎尔止，不愆于仪。"伯姬可谓不失仪矣[⑦]。

颂曰：伯姬心专，守礼一意。宫夜失火，保傅不备。逮火而死，厥心靡悔。《春秋》贤之，详录其事。

注释

①庙见：古时婚礼，妇入夫家，若公婆已故，则于三月后至家庙参拜公婆神位，称为“庙见”。

②享：宴请，以酒食待客。

③辱：敬辞。小子：晚辈，指伯姬。

④下堂：谓离开殿堂或堂屋。

⑤逮：及。

⑥悼痛：悲伤痛心。

⑦失仪：不符合礼节仪式。

译文

伯姬，是鲁宣公的女儿，成公的妹妹。她的母亲叫缪姜，把伯姬嫁给了宋恭公。宋恭公没有行亲迎之礼，伯姬迫于父母之命出嫁了。到了宋国，三个月之后，行过庙见之礼，此时当行夫妇之道。但伯姬因为恭公没有行亲迎之礼，所以不肯听命。宋国人将此事告诉了鲁国，鲁国于是派遣大夫季文子到宋国，向伯姬传达了鲁君的命令。季文子回国复命。鲁公以酒食款待他。缪姜从屋里走出来，拜了两次说道：“大夫远途跋涉，向我女儿传达旨意，没有忘记先君和后嗣，假若先君地下有知，他也会感谢您的。请让我再拜感谢您。”

伯姬嫁给宋恭公十年后，恭公去世，伯姬守寡。到了景公时，一天夜里突然失火，左右的侍从说："夫人快避火吧！"伯姬说："按照妇人的礼法，保母和傅母都不在，晚上是不能出门的。等她们来了再走。"保母来了，但傅母还没有来，左右侍从又说道："夫人赶快避火吧！"伯姬说："按照妇人的礼法，傅母没到，晚上不能走出殿堂，逾越礼法而求生，还不如遵守礼法而死。"最后她被火烧死。

《春秋》详细记载了这件事，以表彰伯姬，认为妇人应当以贞作为行为的准则。伯姬已经尽到了妇道。当时诸侯听说了这件事，都非常悲痛，认为财物还可以复得，死者却不可以生还，因此他们就在澶渊聚会，悼念伯姬。《春秋》认为这很好。

君子说："按照礼法，妇人没有傅母的陪同，晚上不能走出殿堂,走路也要点着烛火。说的就是伯姬。"《诗经》中说："举止美好谨慎，礼仪无过失。"伯姬可以说没有违背礼仪。

颂说：伯姬用心专一,一心一意守礼仪。宫中晚上失火，保母傅母都不在。伯姬在火中丧生，她心中毫不后悔。《春秋》称赞她贤德，详细记录这件事。

卫宣夫人

夫人者,齐侯之女也。嫁于卫,至城门而卫君死。保母曰:“可以还矣。”女不听,遂入,持三年之丧。毕,弟立,请曰:“卫,小国也,不容二庖[①],请愿同庖。”夫人曰:“唯夫妇同庖。”终不听。卫君使人诉于齐兄弟,齐兄弟皆欲与后君,使人告女,女终不听,乃作诗曰:“我心匪石,不可转也。我心匪席,不可卷也。”厄穷而不闵[②],劳辱而不苟[③],然后能自致也,言不失也,然后可以济难矣。《诗》曰:“威仪棣棣,不可选也。”言其左右无贤臣,皆顺其君之意也。君子美其贞壹,故举而列之于《诗》也。

颂曰:齐女嫁卫,厥至城门。公薨不返,遂入三年。后君欲同,女终不浑。作诗讥刺,卒守死君。

注释

①庖 páo:厨房。

②厄穷:艰难困苦。闵:忧愁,忧虑。

③劳辱:劳苦。苟:姑且,苟且。

译文

卫宣夫人,是齐国国君的女儿。她嫁到了卫国,到了卫都城门时,传来了卫国国君去世的消息。保母对她说道：“我们可以回去了。”夫人没有听从，接着进入了卫都，为卫君守丧三年。

守完丧后，卫君的弟弟即位，对她说：“卫国是小国，不容许两个厨房，我希望能跟你共用一个厨房吃饭。”夫人说道：“只有夫妇才在一个厨房吃饭。”始终没有答应他。卫君派人向她在齐国的兄弟诉说此事，齐国的兄弟都想让她嫁给卫君，派人劝说她，但她执意不听从，作诗道：“我的心不是一块石头，不能任人随便转移。我的心不是一张席子，不能任人打开又卷起。”虽然困苦但不忧愁，虽然劳苦而不苟且，这样才能达到要求。这是说要把持住自己，然后才能渡过难关。《诗经》中说：“举止庄严又雍容，但不能任用。”是说左右没有贤臣，都顺着君王的旨意。君子赞赏卫宣夫人忠贞专一，所以将她的事迹载入《诗经》中。

颂说：齐国国君的女儿嫁到卫国，她刚刚走到城门前。卫君去世她没有返回，而是在卫国守丧三年。新继位的卫君想要娶她，她执意不从。作诗讽刺，为死去的君主守节。

蔡人之妻

蔡人之妻者，宋人之女也。既嫁于蔡，而夫有恶疾[①]。其母将改嫁之。女曰："夫不幸乃妾之不幸也，奈何去之？适人之道[②]，壹与之醮，终身不改。不幸遇恶疾，不改其意。且夫采采芣苡之草[③]，虽其臭恶，犹始于捋采之[④]，终于怀撷之[⑤]，浸以益亲，况于夫妇之道乎？彼无大故[⑥]，又不遣妾，何以得去？"终不听其母，乃作《芣苡》之诗。君子曰："宋女之意，甚贞而壹也。"

颂曰：宋女专悫[⑦]，持心不顷。夫有恶疾，意犹一精。母劝去归，作诗不听。后人美之，以为顺贞。

注释

①恶疾：痛苦难治、令人厌恶的疾病。

②适人：嫁人。

③采采：茂盛，众多貌。芣苡 fúyǐ：草名，即车前草。

④捋 luō：用手轻轻摘取。

⑤撷 xié：用衣襟兜东西。

⑥大故：指严重的过失或罪恶。

⑦悫 què：诚实。

译文

蔡人之妻，是宋国人的女儿。她嫁到蔡国后，丈夫身患重病。她的母亲想要让她改嫁。她说:“丈夫的不幸就是我的不幸，我怎么能离开他呢？按照嫁人的礼法，一旦出嫁，就要从一而终。我不幸遇上患有恶疾的丈夫，也不能改变心意。况且茂盛的车前草，即便气味难闻，也还是要采摘下来，还要用衣襟兜着，放在胸前，回家用清水洗净浸泡后，用来治疗亲人疾病，更何况是夫妇之间呢？没有大的过失，丈夫又没有休掉我，我怎么能够离开他呢？”她始终没有听从母亲的话，写下了《芣苡》一诗。君子说:“宋女的心意非常贞洁专一。”

颂说：宋家的女子专一诚实，打定主意决不改嫁。丈夫有恶疾，她仍然专一。母亲劝说她另嫁他人，她写诗明志不听从。后人赞美她，认为她有贞顺之德。

黎庄夫人

黎庄夫人者，卫侯之女，黎庄公之夫人也。既往而不同欲，所务者异，未尝得见，甚不得意。其傅母闵夫人贤①，公反不纳，怜其失意，又恐其已见遣而不以时去②，谓夫人曰："夫妇之道，有义则合，无义则去。今不得意，胡不去乎？"乃作诗曰："式微式微，胡不归？"夫人曰："妇人之道，壹而已矣。彼虽不吾以，吾何可以离于妇道乎？"乃作诗曰："微君之故，胡为乎中路？"终执贞壹，不违妇道，以俟君命。君子故序之以编《诗》。

颂曰：黎庄夫人，执行不衰。庄公不遇，行节反乖。傅母劝去，作诗《式微》。夫人守壹，终不肯归。

注释

①闵：同"悯"，怜悯，哀怜。

②见遣：被弃。

译文

黎庄夫人，是卫国国君的女儿，黎庄公的夫人。她嫁给黎庄公后，因为两人想法不同，所做的事情也不同，就再也没有见过面，她心中很不得意。

她的傅母见夫人贤惠，却不受庄公宠爱，很同情她，又担心她被弃之后不能及时离开，就对夫人说道："做夫妇的道理，有情意就结合在一起，无情意就分开。现在你不得意，为什么不离开呢？"傅母又作诗道："已到黄昏，已到黄昏，为何还没有归去？"夫人说道："做妇人的道理是从一而终罢了。我的夫君虽然不喜欢我，我又怎能违背妇道呢？"于是作诗道："要不是侍奉你，我怎么会在中路？"她始终贞洁专一，没有违背妇道，随时听候庄公之命。君子因此将她们的诗歌编入了《诗经》中。

颂说：黎庄公的夫人，坚守妇道未改志。庄公不见她，其行为多反叛乖张。傅母劝她离开，作诗《式微》以相劝。夫人执意坚守专一之礼，始终不肯返回卫国。

齐孝孟姬

孟姬者，华氏之长女，齐孝公之夫人也。好礼贞壹，过时不嫁。齐中求之，礼不备，终不往。蹑男席[1]，语不及外。远别避嫌，齐中莫能备礼求焉。齐国称其贞。孝公闻之，乃修礼亲迎于华氏之室。父母送孟姬不下堂，母醮房之中[2]，结其衿缡[3]，诫之曰："必敬必戒[4]，无违宫事。"父诫之东阶之上曰："必夙兴夜寐，无违命。其有大妨于王命者，亦勿从也。"诸母诫之两阶之间[5]，曰："敬之敬之，必终父母之命。夙夜无怠，示之衿缡，父母之言谓何。"姑姊妹诫之门内，曰："夙夜无愆[6]，示之衿鞶[7]，无忘父母之言。"孝公亲迎孟姬于其父母，三顾而出，亲迎之绥[8]，自御轮三[9]，曲顾姬舆[10]，遂纳于宫。三月庙见，而后行夫妇之道。既居久之，公游于琅邪，华孟姬从。车奔，姬堕车碎。孝公使驷马立车载姬以归[11]。姬使侍御者舒帷以自障蔽[12]，而使傅母应使者曰："妾闻妃后逾阈，必乘安车辎軿[13]。下堂必从傅母保阿，进退则鸣玉环佩。内饰则结纽绸缪[14]，野处则帷裳拥蔽[15]。所以正心壹意，自敛制也。今立车无軿，非所敢受命也。野处无卫，非所敢久居也。三者失礼多矣。夫无礼而生，不如早死。"使者驰以告公，更取安车。比其反也，则自经矣，傅母救之，不绝。傅母曰：“使者至，辎軿已具。”姬氏苏，然后乘而归。君子谓孟姬好礼。礼，妇人出必辎軿，衣服绸缪。既嫁，归问女昆弟，不问男昆弟，所以远别也。《诗》曰：“彼君子女，绸直如发。”此之谓也。

颂曰：孟姬好礼，执节甚公。避嫌远别，终不冶容。载不并乘，非礼不从。君子嘉焉，自古寡同。

注释

①蹑：踩，踏，登。男席：男人坐的席子。

②醮 jiào：古时婚礼所行的一种简单仪式。尊者对卑者酌酒，卑者接受敬酒后饮尽，不需回敬。

③衿 jīn：古代衣服的交领。缡 lí：古时妇女系在身前的大佩巾。

④敬：恭敬，端肃。

⑤诸母：庶母。

⑥愆 qiān：过错，罪过。

⑦鞶 pán：皮制束衣的大带。

⑧绥 suí：借以登车的绳索。

⑨御：驾驶车马。轮：本义指车轮，引申为车子。

⑩曲顾：古代迎亲礼仪之一。婿至女家迎女，出门登车，授女以绥，自御轮三周，然后下车先女而归。此时须回头顾视，谓之曲顾礼。

⑪立车：古代一种须站立乘行的车辆。

⑫舒帷：打开车帷。

⑬安车：古代可以坐乘的小车。古车立乘，此为坐乘，故称安车。供年老的高级官员及贵妇人乘用。高官告老还乡或征召德高望重的人，往往赐乘安车。安车多用一马，礼尊者则用四马。辎軿 zī píng：辎车和軿车的并称。后泛指有屏蔽的车子。

⑭绸缪：紧密缠缚。

⑮帷裳：车旁的帷幔。拥蔽：隔绝，遮掩。

译文

孟姬，是华氏的长女，齐孝公的夫人。她好行礼仪，贞洁专一，过了出嫁年龄还没有嫁出去。齐国有人向她求婚，因为礼仪不完备，她没有嫁过去。她从不登男人坐的席子，也不和外面的人说话。注意男女之嫌，齐国中没有能完备礼仪向她求婚的。齐国人都称赞她贞洁。

齐孝公听说了此事，就齐备聘礼到她家中亲迎。父母送孟姬出嫁，都没有走出堂屋，母亲在房中行醮礼，给她系上衣领佩巾，告诫她说："一定要恭敬谨慎，不要违背宫中的规矩。"她的父亲在东边的台阶上，告诫她说道："一定要早起晚睡，不要违背君王之命。如果有妨碍君命的事情，也不要跟着去做。"庶母在两个台阶之间，告诫她说："恭敬啊恭敬，一定要记住父母的命令。每天都不要懈怠，看着你身上的衣领佩巾，要牢记父母的话。”她的姑姑们在门内，告诫她说：“早晨晚上都不要犯过错，看着你身上的衣领佩带，不要忘记了父母的话。”齐孝公从孟姬父母那里将她亲迎出来，孟姬一步三顾地离开家。齐孝公亲手将登车的绳子交给孟姬，又亲自驾车绕着她乘坐的车转了三圈，向她行曲顾之礼，然后将她接到了宫里。三月后行庙见之礼，然后他们开始过夫妻生活。

过了很长时间，齐孝公到琅邪游玩，孟姬跟从。车子速度很快，孟姬从车上掉下来，车子也摔碎了。齐孝公派驷马大车接孟姬回去。孟姬让侍女打开帷布遮蔽自己，让傅母对使者说：“我听说后妃出门，一定要乘坐安车和軿车。走出殿堂时，一定要有傅母保阿跟随，进退时都要鸣响玉佩。装饰整衣要紧密缠缚，到野外时要用车帷与外面隔绝。这样才能心正专一，自我克制。现在的车是立车而不是軿车，我不敢听命。在野外又没有护卫，我不敢久待。这三样多有失礼。活着不能行礼，不如早早死了好。”使者连忙驾车回去禀告齐孝公，齐孝公便派人更换了安车。等使者赶回，孟姬已经自缢，傅母抢救及时，孟姬活了过来。傅母对她说：“使者回来了，已经准备好了軿车。”孟姬苏醒过来，乘坐马车回去了。

君子说孟姬好行礼仪。按照礼法，妇人出门必须要坐軿车，衣服必须穿得严密。出嫁后回娘家，只能问候姊妹，不能问候兄弟，这是因为男女有别。《诗经》中说：

“那个女子如君子，操行细密，如发之美。”说的就是这个意思。

颂说：孟姬好行礼仪，十分注意坚守节操。避嫌男女有别，终不装扮艳丽。乘车不坐立乘车，不合礼仪誓不从。君子赞美她的礼仪，自古以来很少有。

息君夫人

夫人者，息君之夫人也。楚伐息，破之，虏其君[①]，使守门。将妻其夫人，而纳之于宫。楚王出游，夫人遂出见息君，谓之曰：“人生要一死而已，何至自苦？妾无须臾而忘君也，终不以身更贰醮[②]。生离于地上，岂如死归于地下哉？”乃作诗曰：“穀则异室，死则同穴。谓予不信，有如皦日。”息君止之，夫人不听，遂自杀，息君亦自杀，同日俱死。楚王贤其夫人，守节有义，乃以诸侯之礼合而葬之。君子谓夫人说于行善[③]，故序之于《诗》。夫义动君子，利动小人。息君夫人不为利动矣。《诗》云：“德音莫违，及尔同死。”此之谓也。

颂曰：楚虏息君，纳其适妃。夫人持固，弥久不衰。作诗同穴，思故忘新。遂死不顾，列于贞贤。

注释

①虏 lǔ：俘获。

②贰醮 jiào：古代指女子再嫁。

③说 yuè：通“悦”，喜悦。

译文

息君夫人，是息国国君的夫人。楚国攻伐息国，打败息国，掳掠了息国国君，让他看守城门。又想娶他的夫人为妻，纳入到自己后宫中。

一次，楚王外出游玩，夫人趁机跑出来，见到了息国国君，对他说：“人总有一死罢了，何必这样受苦呢？我一刻也没有忘记过你，我终身不会再嫁给别人。我们活着分开，哪如死在一起呢？”于是作诗道：“生不能共处一室，死就当同葬一起。如果你还不信，皦皦白日来作证！”息国国君劝阻她，夫人不听，还是自杀了，息国国君也跟着自杀，两人在同一天死去。楚王认为息君夫人很贤德，守节有义，于是按照诸侯的礼仪将他们合葬了。

君子称赞息君夫人乐于行善，所以将她的诗歌编入了《诗经》中。君子为正义所动，小人为利益所动，息君的夫人不为利益所改变。《诗经》中说：“莫要背弃往日诺言，愿与你恩爱白头偕老。”说的就是这个意思。

颂说：楚王掳掠了息国国君，要纳他的夫人为妻。夫人持志坚定，虽然时间很久仍不衰退。她作诗表明死后同穴之志，思念故人不恋新人。于是她自杀义无反顾，因此被列于贞贤之中。

齐杞梁妻

齐杞梁殖之妻也。庄公袭莒，殖战而死。庄公归，遇其妻，使使者吊之于路。杞梁妻曰："今殖有罪，君何辱命焉？若令殖免于罪，则贱妾有先人之弊庐在下[①]，妾不得与郊吊[②]。"于是庄公乃还车诣其室，成礼然后去。杞梁之妻无子，内外皆无五属之亲[③]。既无所归，乃就其夫之尸于城下而哭，内诚动人，道路过者莫不为之挥涕[④]，十日，而城为之崩[⑤]。既葬，曰："吾何归矣？夫妇人必有所倚者也。父在则倚父，夫在则倚夫，子在则倚子。今吾上则无父，中则无夫，下则无子。内无所依，以见吾诚。外无所倚，以立吾节。吾岂能更二哉？亦死而已。"遂赴淄水而死。君子谓杞梁之妻贞而知礼。《诗》云："我心伤悲，聊与子同归。"此之谓也。

颂曰：杞梁战死，其妻收丧。齐庄道吊，避不敢当。哭夫于城，城为之崩。自以无亲，赴淄而薨。

注释

①弊庐：同"敝庐"，指破旧的房屋。亦作谦辞。

②与：同意。郊吊：谓在郊野行吊礼。

③内外：谓婆家和娘家。五属：五服内的亲属。

④挥涕：挥洒涕泪。

⑤崩：崩裂，倒塌。

译文

齐杞梁妻，是齐国杞梁的妻子。庄公率军袭击了莒国，杞梁战死。庄公领兵回国，在途中遇到了杞梁的妻子，便派使者在路边吊唁。杞梁的妻子说："如果杞梁有罪，又何必劳烦国君来吊唁呢？如果杞梁可以免罪，先人留下的破屋子还在，因此我不能接受在郊外吊唁。"庄公只好调转车子，前往杞梁家中，行完吊唁之礼后离去。

杞梁的妻子没有儿子，娘家和婆家也没有五服内的亲属。她无依无靠，就在城下靠着丈夫的尸体哭泣，她的真诚感动了许多人，过路的人都为之流泪，十天之后，城墙也为之坍塌。安葬了丈夫之后，她说："我依靠谁呢？妇人必须有所倚靠。父亲在就依靠父亲，丈夫在就依靠丈夫，儿子在就依靠儿子。现在我上没有父亲，中没有丈夫，下没有儿子。在家中没有依靠来表现我的忠诚，在外也没有依靠来保持节操。我怎能改嫁呢？只有去死而已。"于是她投淄水而死。

君子称赞杞梁的妻子贞洁知礼。《诗经》中说："我心忧伤满怀痛苦，只愿与你共赴黄泉。"说的就是这个意思。

颂说：杞梁战死，他的妻子为他收葬。齐庄公在路上吊唁他，杞梁之妻避不敢当。她在城下痛哭丈夫，城墙也为之崩塌。她觉得举目无亲，投入淄水而死。

楚平伯嬴

伯嬴者，秦穆公之女，楚平王之夫人，昭王之母也。当昭王时，楚与吴为伯莒之战。吴胜楚，遂入至郢，昭王亡。吴王阖闾尽妻其后宫。次至伯嬴，伯嬴持刃曰："妾闻天子者，天下之表也。公侯者，一国之仪也。天子失制则天下乱，诸侯失节则其国危。夫妇之道，固人伦之始，王教之端。是以明王之制，使男女不亲授，坐不同席，食不共器，殊椸枷[①]，异巾栉[②]，所以施之也[③]。若诸侯外淫者绝，卿大夫外淫者放，士、庶人外淫者宫割[④]。夫然者，以为仁失可复以义，义失可复以礼。男女之丧，乱亡兴焉。夫造乱亡之端，公侯之所绝，天子之所诛也。今君王弃仪表之行，纵乱亡之欲，犯诛绝之事，何以行令训民？且妾闻，生而辱，不若死而荣。若使君王弃其仪表，则无以临国[⑤]。妾有淫端，则无以生世。壹举而两辱，妾以死守之，不敢承命[⑥]。且凡所欲妾者，为乐也。近妾而死，何乐之有？如先杀妾，又何益于君王？"于是吴王惭，遂退。舍伯嬴与其保阿[⑦]，闭永巷之门，皆不释兵。三旬[⑧]，秦救至，昭王乃复矣。君子谓伯嬴勇而精壹。《诗》曰："莫莫葛累，施于条枚。岂弟君子，求福不回。"此之谓也。

颂曰：阖闾胜楚，入厥宫室。尽妻后宫，莫不战栗。

伯嬴自守，坚固专一。君子美之，以为有节。

注释

①椸枷 yí jià：衣架。枷，通“架”。

②巾栉 zhì：手巾和梳篦。泛指盥洗用具。

③施：易，改变。

④宫割：处以宫刑。

⑤临国：治理国事。

⑥承命：受命，应命。

⑦保阿：古代抚育贵族子女的妇女。

⑧旬：十天为一旬。

译文

伯嬴是秦穆公的女儿，楚平王的夫人，楚昭王的母亲。在昭王当政时，楚国和吴国在伯莒大战。吴国战胜了楚国，攻入郢都，昭王出逃。吴王阖闾把楚王后宫的妃子全纳入到自己后宫之中。轮到伯嬴时，伯嬴拿着刀说：“我听说天子是天下的表率。公侯应当是国人的表率，如果天子不守礼制，那么天下就会大乱；如果诸侯不守礼制，国家就危险了。夫妇之道，是人伦纲常的起始，是王教的开端。所以英明君王订下制度，男女不亲手授受，不同坐在一张席子上，不用同一件器具吃饭，不用同一个衣架和盥洗用具，为的是改变他们的邪僻之心。如果诸侯在外放纵淫欲就会遭灭亡，卿大夫在外淫乱会被放逐，士和庶民在外淫乱就会被处以宫刑。之所以这样，是因为如果丧失了仁德，还可以用义来恢复；如果丧失了义，还可以用礼来恢复。男女关系混乱后，就会发生叛乱和灭亡。凡是引起丧乱的人，公侯应当灭亡他，天子应当诛灭他。如今君王丢弃表率的行为，放纵会引发祸患灭亡的欲念，犯下了会导致诛杀的事情，又凭什么推行政令训导百姓呢？而且我听说，活着蒙受耻辱，不如死了光荣。假若君王丢弃表率行为，则无法执政。我如果淫荡，就不应活在世上。如果你要将我纳入你的妻室，你我都会遭受耻辱。我要以死相争，不敢接受君王的命令。凡是想要得到我的人都是为了取乐。接近我的人，我就会杀死他，又有什么乐趣？如果您先把我杀了，对君王又有什么好处呢？”这一番话说得吴王惭愧不已，连忙退出。吴王释放了伯嬴和保阿，关闭了永巷大门，派士兵把守。三十天后，秦国救兵来到，楚昭王恢复了王位。

君子称赞伯嬴精明专一。《诗经》中说："葛藤茂密繁盛，蔓延在树枝上。平易近人的君子，坚持正道福来降。”说的就是这个意思。

颂说：吴王阖闾战胜了楚国，进入到了楚国的宫室中。他将后宫妃嫔全部占有，这些妃嫔全都战栗害怕。伯嬴持刀守卫自己，态度坚决专一。君子赞美她，认为她很有气节。

楚昭贞姜

贞姜者，齐侯之女，楚昭王之夫人也。王出游，留夫人渐台之上而去①。王闻江水大至，使使者迎夫人，忘持其符②。使者至，请夫人出。夫人曰："王与宫人约，令召宫人必以符。今使者不持符，妾不敢从使者行。"使者曰："今水方大至，还而取符，则恐后矣。"夫人曰："妾闻之，贞女之义不犯约，勇者不畏死，守一节而已。妾知从使者必生，留必死。然弃约越义而求生，不若留而死耳。"于是使者反取符，还则水大至，台崩，夫人流而死。王曰："嗟夫！守义死节，不为苟生，处约持信，以成其贞。"乃号之曰贞姜。君子谓贞姜有妇节。《诗》云："淑人君子，其仪不忒③。"此之谓也。

颂曰：楚昭出游，留姜渐台。江水大至，无符不来。夫人守节，流死不疑。君子序焉，上配伯姬。

注释

①渐台：台名。在湖北省江陵县东。

②符：古代朝廷传达命令或征调兵将用的凭证。

③忒 tè：偏差。

译文

贞姜是齐国国君的女儿，楚昭王的夫人。昭王出去游玩，把贞姜留在了渐台。昭王听说江水上涨，就派使者去接夫人，使者忘记拿信符。到了渐台之后，使者请贞姜出来。贞姜说：“大王与宫中的人约定，召唤宫内人一定要有信符，现在你没有带来信符，我不敢相从。”使者说道：“大水就要涨起，我再回去取符，恐怕来不及了。”夫人说：“我听说，贞女是不会违背约定的，勇敢的人不怕死，他们无非是坚守节操而已。我知道跟你出去一定能活下来，留在这里一定会死。但是让我违背约定和信义而求生，还不如留在这里死了好。”于是使者只好返回去取信符，没过多久，洪水滔滔而来，渐台崩塌，夫人被水流冲走而死。昭王听说后叹道：“唉！夫人守贞，为保全节操而死，不苟且偷生，身处困境还能坚持守信约，成就了贞洁的美名。”于是赐她封号“贞姜”。

君子称赞贞姜有有德妇女的节操。《诗经》中说：“淑人君子，言行没有偏差。”说的正是她啊。

颂说：楚昭王外出游玩，让贞姜留在渐台。江水奔涌而来，贞姜见没有信符就不离开。夫人坚守节操，被水流冲走而死。君子赞美她，可媲美伯姬。

楚白贞姬

贞姬者，楚白公胜之妻也。白公死，其妻纺绩不嫁。吴王闻其美且有行，使大夫持金百镒、白璧一双以聘焉，以辎軿三十乘迎之，将以为夫人。大夫致币，白妻辞之曰："白公生之时，妾幸得充后宫，执箕帚[①]，掌衣履[②]，拂枕席[③]，托为妃匹[④]。白公不幸而死，妾愿守其坟墓，以终天年。今王赐金璧之聘、夫人之位，非愚妾之所闻也。且夫弃义从欲者，污也；见利忘死者，贪也。夫贪污之人，王何以为哉？妾闻之，忠臣不借人以力，贞女不假人以色。岂独事生若此哉？于死者亦然。妾既不仁，不能从死，今又去而嫁，不亦太甚乎？"遂辞聘而不行。吴王贤其守节有义，号曰楚贞姬。君子谓贞姬廉洁而诚信。夫任重而道远，仁以为己任，不亦重乎？死而后已，不亦远乎？《诗》云："彼美孟姜，德音不忘。"此之谓也。

颂曰：白公之妻，守寡纺绩。吴王美之，聘以金璧。妻操固行，虽死不易。君子大之，美其嘉绩。

注释

①执箕jī帚：谓持簸箕扫帚从事洒扫。多指做妻妾。

②掌：主管；负责。衣履：衣服和鞋，泛指衣着。

③拂枕席：谓侍寝。

④妃pèi匹：配偶。

译文

贞姬，是楚国人白公胜的妻子。白公胜死后，她以纺织为生，立志不再嫁人。吴王听说她貌美且有德行，就派大夫带着百镒黄金、一双白璧作为聘礼，以三十辆车迎娶她，准备立她为夫人。

大夫献上聘礼，白公的妻子拒绝道："白公在世的时候，我有幸成为他的妻子，洒扫房屋，掌管衣服鞋子，与之同床共枕，成为他的配偶。白公不幸早逝，我愿意守着他的坟墓过一辈子。现在大王送我金子和白璧作为聘礼，赐我夫人的尊位，这不是我所能承受的。况且背弃道义而放纵私欲，这是污；见到利益就忘记死去之人，这是贪。一个又污又贪的人，大王还要他干什么呢？我听说，忠臣不依靠别人，贞女也不靠美色。难道只对活着的人这样吗？对死去的人也应该这样。我没能跟随丈夫去死，已经不仁了，现在又再嫁，这样也太过分了吧？"于是她推却了聘礼，不嫁。吴王认为她守节有义，赐她封号"楚贞姬"。

君子称赞贞姬廉洁而有诚信。任重道远，以实行仁道为己任，不也是很重大吗？死了之后才停止，不也是很遥远吗？《诗经》中说："那个美好的女子啊，高尚的品德不会忘！"说的就是她这样的人。

颂说：楚国人白公胜的妻子，守寡后以纺织为生。吴王觉得她美，就以金璧之礼来聘娶她。她坚守德行操守，即使死也不更改。君子推崇她，赞美她的美好事迹。

卫宗二顺

卫宗二顺者，卫宗室灵王之夫人及其傅妾也[①]。秦灭卫君角，封灵王世家[②]，使奉其祀。灵王死，夫人无子而守寡，傅妾有子。傅妾事夫人，八年不衰，供养愈谨[③]。夫人谓傅妾曰："孺子养我甚谨[④]。子奉祀而妾事我，我不聊也[⑤]。且吾闻主君之母不妾事人。今我无子，于礼，斥绌之人也[⑥]，而得留以尽其节，是我幸也。今又烦孺子不改故节，我甚内惭。吾愿出居外，以时相见，我甚便之。"傅妾泣而对曰："夫人欲使灵氏受三不祥耶？公不幸早终，是一不祥也。夫人无子而婢妾有子，是二不祥也。夫人欲出居外，使婢子居内，是三不祥也。妾闻忠臣事君无怠倦时[⑦]，孝子养亲患无日也。妾岂敢以小贵之故变妾之节哉？供养固妾之职也，夫人又何勤乎？"夫人曰："无子之人而辱主君之母，虽子欲尔，众人谓我不知礼也。吾终愿居外而已。"傅妾退而谓其子曰："吾闻君子处顺[⑧]，奉上下之仪，修先古之礼，此顺道也。今夫人难我，将欲居外，使我居内，此逆也。处逆而生，岂若守顺而死哉？"遂欲自杀。其子泣而止之，不听。夫人闻之惧，遂许傅妾留，终年供养不衰。君子曰："二女相让，亦诚君子。可谓行成于内，而名立于后世矣。"《诗》云："我心匪石，不可转也。"此之谓也。

颂曰：卫宗二顺，执行咸固。妾子虽代，供养如故。主妇惭让，请求出舍。终不肯听，礼甚闲暇。

注释

①傅妾：侍妾。

②世家：世禄之家，门第高贵、世代为官的人家。

③供养：侍奉，赡养。谨：恭敬，郑重。

④孺子：贵妾，此指傅妾。

⑤不聊：不愿苟且偷生。

⑥斥绌：黜退，弃免。绌，通“黜”。

⑦怠倦：懈怠，松弛。

⑧处顺：顺应自然，顺应变化。

译文

卫宗二顺，分别是卫国宗室灵王的夫人和侍妾。秦国灭掉了卫国，废了卫君角，封灵王为继承者，让他们供奉卫国的祭祀。灵王死后，他的夫人没有儿子，一直守寡，但侍妾有个儿子。侍妾侍奉夫人八年，从来没有懈怠，而且侍奉她越来越恭敬。

有一天，夫人对侍妾说：“你对我照顾得如此勤恳恭顺。你的儿子继承家族，你反而还像妾一样来伺候我，我不敢当。况且我听说，主君的母亲不能像妾一样侍奉别人。如今我没有儿子，在礼法上，是要被逐退的人，我能留下来守节，已是我的福气。现今还要烦你按老规矩侍奉我，我心中非常羞愧。我愿意搬到外面去住，我们按时见面，我也更安心些。”侍妾哭着对夫人说道：“夫人想要让灵氏出现三件不吉祥的事吗？灵公不幸早逝，这是一不祥。夫人无子而婢妾有子，这是二不祥。夫人出去住在外面，让婢女住在里面，这是三不祥。我听说忠臣侍奉君主从来没有懈怠厌倦的时候，孝子侍养双亲，只担心侍奉的时日太少。我怎么敢因为一点富贵就改变规矩呢？供养夫人本来就是我的责任，夫人何必辛苦呢？”夫人说道：“没有儿子的人去烦扰主君的母亲，即使你愿意，别人也会说我不懂礼法。我还是愿意住在外面。”

侍妾回去对她儿子说道：“我听说君子顺应道义，遵从上下尊卑的礼仪，遵循祖宗的礼法，这就是顺应天道。如今夫人因为我的供养而感到为难，想要住在外面，而让我住在里面，这是违背道义的。违背道义而活，不如顺应天道而死。”于是她想要自杀，她儿子哭着劝她，她都不听。夫人听说了这事很害怕，于是就答应侍妾留下来，侍妾终年供养夫人，从不懈怠。

君子称赞道：“这两个女子互相推让，的确算得上是君子。可以说是美德形成于内，名声传扬于后世。”《诗经》中说：“我的心不是石头，不能任人去翻转。”说的就是这个意思。

颂说：卫国宗室的两位妇人，都坚守德操。妾的儿子虽然承嗣家业，但对夫人供养依旧。夫人惭愧谦让，请求搬出去住。妾始终不听从，以礼相待，融洽相处。

鲁寡陶婴

陶婴者，鲁陶门之女也。少寡，养幼孤[1]，无强昆弟，纺绩为产。鲁人或闻其义，将求焉。婴闻之，恐不得免，作歌明己之不更贰也。其歌曰："黄鹄之早寡兮，七年不双。宛颈独宿兮，不与众同。夜半悲鸣兮，想其故雄。天命早寡兮，独宿何伤？寡妇念此兮，泣下数行。呜呼哀哉兮，死者不可忘。飞鸟尚然兮，况于贞良。虽有贤雄兮，终不重行。"鲁人闻之曰："斯女不可得已。"遂不敢复求。婴寡，终身不改。君子谓陶婴贞壹而思。《诗》云："心之忧矣，我歌且谣。"此之谓也。

颂曰：陶婴少寡，纺绩养子。或欲取焉，乃自修理。作歌自明，求者乃止。君子称扬，以为女纪。

注释

①幼孤：年幼的孤儿。

译文

陶婴，是鲁国陶家的女儿。她年轻时就守寡，抚养年幼无父的孩子，没有强势的兄弟扶持，以纺织为生。鲁国有人听说她有节操，就想娶她为妻。

陶婴听说后，担心无法拒绝他们，就写了首诗歌表明自己不会再嫁的决心。诗歌写道："悲叹天鹅失去伴侣，七年里不再双飞双宿。曲颈独自栖息，不把众鸟当同伴。夜半悲伤鸣叫，是思念它已故的配偶。命中注定要早寡，独自栖息又有何悲伤？寡妇想到这里，不禁泪水长流。悲伤啊，死去的人不能忘。飞鸟尚且这样，更何况贞良的女子呢？虽然也有很贤能的男子，始终不愿再嫁。"鲁国人听了之后，说道："这个女子是娶不到的。"于是就不敢向她求婚。陶婴守寡，终身没有再嫁。

君子称赞陶婴贞洁专一，又有文采。《诗经》中说："心中烦闷愁难解，姑且把那歌谣唱。"说的就是这个意思。

颂说：陶婴年轻时守寡，纺绩为生，抚养儿子。有人想要娶她，她就进行自我修养。作诗歌表明心志，追求她的人就此停止。君子赞扬她，认为她是女子的典范。

梁寡高行

高行者，梁之寡妇也。其为人荣于色而美于行。夫死早，寡不嫁。梁贵人多争欲取之者，不能得。梁王闻之，使相娉焉[①]。高行曰："妾夫不幸早死，先狗马填沟壑[②]，妾守养其幼孤，曾不得专意。贵人多求妾者，幸而得免，今王又重之。妾闻妇人之义，一往而不改，以全贞信之节。今忘死而趋生，是不信也。见贵而忘贱，是不贞也。弃义而从利，无以为人。"乃援镜持刃以割其鼻，曰："妾已刑矣。所以不死者，不忍幼弱之重孤也。王之求妾者，以其色也。今刑余之人，殆可释矣。"于是相以报。王大其义，高其行，乃复其身[③]，尊其号曰高行。君子谓高行节礼专精。《诗》云："谓予不信，有如皎日。"此之谓也。

颂曰：高行处梁，贞专精纯。不贪行贵，务在一信。不受梁娉，劓鼻刑身[④]。君子高之，显示后人。

注释

①娉：通“聘”，娶。

②先狗马填沟壑：指短命而死。

③复其身：免除她的赋税徭役。

④劓 yì：割鼻。

译文

高行，是梁国的一个寡妇。她容貌美丽，德行美好。丈夫去世很早，她决心守寡不再嫁人。梁国的许多显贵的人都争着想要娶她，但都得不到她。

梁王听说了此事，就派相国前去聘迎她。高行说：“我的丈夫不幸早死，离开人世，我留下来抚养年幼的孩子，从未改变心意。有许多贵族向我求婚，我都没有答应，现在大王又来求婚。我听说妇人要从一而终，以保全贞洁诚信的节操。如今忘记死去之人而求生，是不忠诚守信；见到富贵就忘记贫贱，是不忠贞；放弃信义而追求利益，就不配做人。”说着她就照着镜子用刀割掉了自己的鼻子，说道：“我已经自残了。之所以不死，是因为不忍心看到幼儿再失去亲人。大王向我求婚，是因为看中了我的美貌，现在我已经肉体残缺了，大概可以放过我了吧？”于是国相回去向梁王禀报。梁王尊崇她的德义，敬重她的品行，就免除了她终生的徭役赋税，并赐给她“高行”的封号。

君子称赞高行贞洁守礼，用情专一又纯粹。《诗经》中说：“如果你还不信，皎皎太阳来作证！”说的就是这个意思。

颂说：梁国的高行，坚贞专一，明净纯洁。不贪图富贵，始终坚持专一守信。拒绝接受梁王聘迎，割掉鼻子以自残。君子尊崇她的品行，彰显于后人。

陈寡孝妇

孝妇者，陈之少寡妇也。年十六而嫁，未有子。其夫当行戍[①]，夫且行时，属孝妇曰[②]："我生死未可知。幸有老母，无他兄弟，借吾不还[③]，汝肯养吾母乎？"妇应曰："诺。"夫果死不还。妇养姑不衰，慈爱愈固。纺绩以为家业，终无嫁意。居丧三年[④]，其父母哀其年少无子而早寡也，将取而嫁之。孝妇曰："妾闻之，信者人之干也，义者行之节也。妾幸得离襁褓[⑤]，受严命而事夫[⑥]。夫且行时，属妾以其老母，既许诺之。夫受人之托，岂可弃哉？弃托不信，背死不义，不可也。"母曰："吾怜汝少年早寡也。"孝妇曰："妾闻宁载于义而死，不载于地而生。且夫养人老母而不能卒，许人以诺而不能信，将何以立于世？夫为人妇，固养其舅姑者也。夫不幸先死，不得尽为人子之礼。今又使妾去之，莫养老母。是明夫之不肖而著妾之不孝。不孝不信且无义，何以生哉？"因欲自杀，其父母惧而不敢嫁也，遂使养其姑。二十八年，姑死，葬之，终奉祭祀。淮阳太守以闻，汉孝文皇帝高其义，贵其信，美其行，使使者赐之黄金四十斤，复之终身，号曰孝妇。君子谓孝妇备于妇道。《诗》云："匪直也人，秉心塞渊。"此之谓也。

颂曰：孝妇处陈，夫死无子。妣将嫁之，终不听母。

专心养姑，一醮不改。圣王嘉之，号曰孝妇。

注释

①行戍：赴戍役。

②属 zhǔ：通“嘱”，嘱咐，托付。

③借：假如，假设。

④居丧：处在直系尊亲的丧期守制中，指守孝。

⑤襁褓 qiǎng bǎo：背负婴儿用的宽带和包裹婴儿的被子，借指婴幼时期。

⑥严命：对君父、长上之命的敬称。这里指父命。

译文

孝妇，是陈县的一位年轻寡妇。她十六岁出嫁，还没有孩子。丈夫应征戍边，在出发时，嘱咐她道：“我此去生死未卜。我只有一位老母亲，没有其他的兄弟，假如我没有回来，你肯赡养我的母亲吗？”妇人答应道：“愿意。”

结果丈夫真的死了。妇人遵守承诺侍奉婆婆，从不懈怠，婆婆对她也更加慈爱。她以纺织为生，自始至终都没有想过再嫁。守孝三年后，她的父母哀怜她年纪轻轻，没有儿子就守寡，想要把她接回家嫁给他人。孝妇说道：“我听说，忠信是做人的基本准则，德义是行为的根本。我有幸度过婴幼时期，接受父命去侍奉我的丈夫。丈夫在出发前将他的老母亲托付给我，我已经答应了。受人之托，怎么能够放弃不管呢？背弃了别人的托付是不信，违背了死者是不义，我不能这样做。”她的母亲说：“我是可怜你年纪轻轻就守寡啊。”孝妇说道：“我听说宁愿为义而死，也不能苟且而活。况且奉养人家的老母亲而不能坚持下去，答应了别人又不能信守承诺，还怎能在世上立足呢？作为媳妇，本来就是应当赡养公婆。我的丈夫不幸早死，不能尽儿子的孝道，现在又让我再嫁离开她，不再赡养婆婆，是要显明丈夫的不肖，彰显我的不孝。不孝不信又无义，还活着干什么？”说着就要自杀，她的父母很害怕，就不敢叫她再嫁。于是同意她侍奉婆婆。二十八年后，婆婆去世，她安葬了她，又终身祭祀婆婆。

淮阳太守听说了此事，就将此事上报给汉文帝，汉文帝敬重她的节义，尊崇她的忠信，赞美她的行为，就派使者赐给她四十斤黄金，免除她的终身赋税徭役，赐给她“孝妇”封号。

君子称赞孝妇尽了妇道。《诗经》中说：“那人正直，用心诚实深厚。”说的就是她这样的人。

颂说：孝妇住在陈县，丈夫死后没有儿子。母亲想要她改嫁，她始终没有听从。专心侍奉婆婆，至死不改嫁。圣王嘉奖她，赐她“孝妇”封号。

卷五　节义传

鲁孝义保

孝义保者，鲁孝公称之保母，臧氏之寡也。初，孝公父武公与其二子长子括、中子戏朝周宣王，宣王立戏为鲁太子。武公薨，戏立，是为懿公。孝公时号公子称，最少。义保与其子俱入宫，养公子称。括之子伯御与鲁人作乱，攻杀懿公而自立。求公子称于宫，将杀之。义保闻伯御将杀称，乃衣其子以称之衣，卧于称之处，伯御杀之。义保遂抱称以出，遇称舅鲁大夫于外。舅问："称死乎？"义保曰："不死，在此。"舅曰："何以得免？"义保曰："以吾子代之。"义保遂以逃。十一年，鲁大夫皆知称之在保，于是请周天子杀伯御立称，是为孝公。鲁人高之。《论语》曰："可以托六尺之孤。"其义保之谓也。

颂曰：伯御作乱，由鲁宫起。孝公乳保，臧氏之母。逃匿孝公，易以其子。保母若斯，亦诚足恃。

译文

孝义保，是鲁孝公称的保母，臧氏的寡妇。起初，孝公的父亲武公和他的两个儿子长子括、中子戏朝见周宣王，周宣王立戏为鲁国太子。武公去世后，戏即位为懿公。

孝公当时号公子称，年纪最小。义保带着她的儿子进宫，养育公子称。括的儿子伯御纠合鲁人作乱，攻杀懿公，自立为鲁君。他在宫中搜寻公子称，打算将他杀掉。义保听说伯御要杀公子称后，便让自己的儿子穿上称的衣服，让他躺在称睡的地方，伯御将他杀了，义保于是抱着称逃出宫。在路上遇见了称的舅舅，他是鲁国的大夫。称的舅舅问她："称死了没有？"义保说："没有死，在这里。"称的舅舅问："他是怎么得以幸免的？"义保说道："我用我的儿子代替了他。"义保便带着称逃亡。十一年后，鲁国大夫都知道称在义保那里，于是请求周天子杀掉伯御立称为君，他就是鲁孝公。鲁国人很敬重义保。《论语》中说道："可以把六尺高的孤儿托付给他。"说的就是义保这样的人。

颂说：伯御发动叛乱，从鲁国宫室下手。孝公的乳母，她是臧氏的寡妻。她带着孝公逃跑躲藏，用自己的儿子换回孝公性命。保母若像她这样，也的确能够依靠。

楚成郑瞀

郑瞀者，郑女之嬴媵[①]，楚成王之夫人也。初，成王登台，临后宫[②]，宫人皆倾观。子瞀直行不顾[③]，徐步不变。王曰："行者顾。"子瞀不顾，王曰："顾，吾以女为夫人。"子瞀复不顾，王曰："顾，吾又与女千金而封若父兄[④]。"子瞀遂行不顾。于是王下台而问曰："夫人，重位也。封爵，厚禄也。壹顾可以得之，可得而遂不顾，何也？"子瞀曰："妾闻妇人以端正和颜为容。今者大王在台上而妾顾，则是失仪节也。不顾，告以夫人之尊，示以封爵之重，而后顾，则是妾贪贵乐利以忘义理也。苟忘义理，何以事王？"王曰："善。"遂立以为夫人。处期年[⑤]，王将立公子商臣以为太子。王问之于令尹子上，子上曰："君之齿未也[⑥]，而又多宠子[⑦]。既置而黜之，必为乱矣。且其人蜂目而豺声，忍人也[⑧]，不可立也。"王退而问于夫人子瞀，曰："令尹之言信，可从也。"王不听，遂立之。其后商臣以子上救蔡之事谮子上而杀之[⑨]。子瞀谓其保曰："吾闻妇人之事，在于馈食之间而已。虽然，心之所见，吾不能藏。夫昔者，子上言太子之不可立也，太子怨之，谮而杀之。王不明察，遂辜无罪。是白黑颠倒，上下错谬也。王多宠子，皆欲得国。太子贪忍，恐失其所。王又不明，无以照之。庶嫡分争，祸必兴焉。”后王又欲立公子职。职，商臣庶弟也。子瞀退而与其保言曰：“吾闻信不见疑[10]，今者王必将以职易太子，吾惧祸乱之作也。而言之于王，王不吾应。其以太子为非吾子，疑吾谮之者乎！夫见疑而生，众人孰知其不然？与其无义而生，不如死以明之。且王闻吾死，必寤太子之不可释也[11]。”遂自杀。保母以其言通于王。是时太子知王之欲废之也，遂兴师作乱，围王宫。王请食熊蹯而死[12]，不可得也，遂自经。君子曰：“非至仁，孰能以身诫？”《诗》曰：“舍命不渝。”此之谓也。

颂曰：子瞀先识，执节有常。兴于不顾，卒配成王。知商臣乱，言之甚强。自嫌非子，以杀身盟。

注释

①媵 yìng：陪嫁的女子。

②临：俯视，从上往下看。

③直行：径直，直接。

④若：你。

⑤期年：满一年。

⑥齿未：年纪小。齿，年纪，年龄。

⑦宠子：得宠的子女。

⑧忍人：残忍的人。

⑨谮 zèn：诬陷，诬告。

⑩见疑：被怀疑。

⑪寤：通“悟”，明白，觉悟。

⑫熊蹯 fán：熊掌。

译文

郑瞀是随从秦国嬴姓女子陪嫁入楚的郑国女子，楚成王的夫人。当初，成王登上高台，俯视后宫，宫里的人都争着去看成王。子瞀径直前行，没有看他。成王喊道：“走路的那个人看着我！”子瞀不看。大王说道：“你看着我，我就让你做我的夫人。”子瞀还是不看他。成王接着说道：“看着我，我再赏赐给你千斤黄金，加封你的父兄。”子瞀还是不看，只顾自己走路。于是成王走下高台问她道：“夫人是最尊贵的封号，封赏爵位也会有丰厚的俸禄。你只要看一眼就可以得到，为什么你一直不看呢？”子瞀回答道：“我听说妇人的举止应该端正。刚刚大王在高台上而我去看，是失礼的表现。一开始我没看你，当大王说赏赐给我夫人的尊位，封赏我父兄重要的爵位，然后我再去看你，那就说明我贪图富贵而忘了义理。如果我忘了义理，又怎能侍奉大王呢？”成王说：“好。”于是就封她为夫人。

过了一年，成王想要立公子商臣为太子。成王问令尹子上的意见，子上说道：“君王还年轻，宠爱的儿子又多，如果立了太子又将他废掉，一定会引发祸乱。况且公子商臣眼睛像蜂，声音像豺狼，是一个残忍的人，大王不可以立他为太子。”成王退朝后问夫人子瞀这件事。子瞀说：“令尹的话，确实可以听从。”但成王没有听从他们的意见，还是将商臣立为太子。后来商臣以子上救蔡的事诬陷子上，子上被杀。子瞀对她的保母说道：“我听说妇女应该关心的事只是在烹调酒食等方面。即便如此，我还是想说出心里话。以前子上说太子不可立，太子怨恨子上，诬陷并杀死了他。大王不明察，冤杀无辜，导致黑白颠倒，上下错乱。大王宠爱的儿子很多，他们都想得到国家政权，太子贪婪残忍，我恐怕他保不住自己的地位。大王又不明察，没法明白这些。庶子与嫡子纷争，楚国一定会发生祸乱。”

后来成王又想改立公子职为太子。公子职是商臣的庶弟。子瞀回来跟她的保母说：“我听说忠信的人不会被怀疑，现在大王想要职来取代太子，我担心祸乱将会发生。我向大王劝谏，大王没有听从我。他认为太子不是我的儿子，疑心我在诬陷太子。大王怀疑我，其他人又有谁知道真正的情况呢？与其被认为无义而活着，不如以死明志！况且大王听说我死了后，一定会明白不可以废止太子。”于是她就自杀了。保母将她的遗言告诉了成王。这时太子知道成王想要废他，就兴兵作乱，包围了王宫。成王请求吃一块熊掌后再死，太子不答应他。于是成王上吊自杀了。

君子说：“没有至高的仁德，谁能以生命去劝谏别人呢？”《诗经》中说：“宁死也不变节。”说的就是这个意思。

颂说：郑瞀有先见，坚守节操合乎常道。在路上行走不回头看，最终配成王为夫人。预知商臣作乱，竭力劝勉成王。自嫌太子非亲生恐见疑，于是杀身以明志。

晋圉怀嬴

怀嬴者，秦穆公之女，晋惠公太子之妃也。圉质于秦，穆公以嬴妻之。六年，圉将逃归，谓嬴氏曰："吾去国数年，子父之接忘①，而秦晋之友不加亲也。夫鸟飞反乡，狐死首丘②，我其首晋而死③，子其与我行乎？"嬴氏对曰："子，晋太子也。辱于秦，子之欲去，不亦宜乎？虽然，寡君使婢子侍执巾栉以固子也。今吾不足以结子，是吾不肖也。从子而归，是弃君也。言子之谋，是负妻之义也。三者无一可行，虽吾不从子也，子行矣。吾不敢泄言，亦不敢从也。"子圉遂逃归。君子谓怀嬴善处夫妇之间。

颂曰：晋圉质秦，配以怀嬴。圉将与逃，嬴不肯听。亦不泄言，操心甚平。不告所从，无所阿倾。

注释

①接忘：接，接待。忘，通"亡"，无，没有。

②首丘：比喻归葬家乡。首，朝着，向。丘，土丘，这里指狐狸的巢穴。

③其：如果。

译文

怀嬴是秦穆公的女儿，晋惠公太子圉的妃子。圉在秦国做人质的时候，穆公把怀嬴嫁给他为妻。六年之后，圉想要逃回晋国，对怀嬴说道："我离开晋国已经好多年了，你的父亲已经不再接待我，秦国和晋国的友好关系也没有再增强。疲倦的鸟会飞回故里，狐狸死时总是头向着巢穴，我如果也想死在晋国，你可以跟我一起去吗？"怀嬴回答道："你是晋国的太子，在秦国遭受了屈辱，你想要回到晋国，不也是应该的吗？即便如此，国君让我侍奉你，是为了笼络你让你安心。现在我没能留住你，是我不肖。如果跟随你回去，就是背弃君王。如果我说出你的计划，又是违背了做妻子的道义。三者之中，没有一个我可以去做的。尽管我不跟你走，你也可以离去，我不会泄露消息，也不敢跟你走。"于是太子圉就逃了回去。君子称赞怀嬴深谙夫妇之道。

颂说：晋国太子圉在秦国做人质，将怀嬴配他为妻。太子圉想要与她一起逃走，怀嬴不肯听从。她也没有泄露消息，秉心很公平。不告知太子圉所往，没有曲从迎合。

楚昭越姬

楚昭越姬者，越王勾践之女，楚昭王之姬也。昭王燕游[①]，蔡姬在左，越姬参右。王亲乘驷以驰逐，遂登附社之台，以望云梦之囿[②]，观士大夫逐者。既欢，乃顾谓二姬曰："乐乎？"蔡姬对曰："乐。"王曰："吾愿与子生若此，死又若此。"蔡姬曰："昔弊邑寡君[③]，固以其黎民之役事君王之马足，故以婢子之身为苞苴玩好[④]。今乃比于妃嫔，固愿生俱乐，死同时。"王顾谓史："书之，蔡姬许从孤死矣。"乃复谓越姬。越姬对曰："乐则乐矣，然而不可久也。"王曰："吾愿与子生若此，死若此，其不可得乎？"越姬对曰："昔吾先君庄王淫乐，三年不听政事，终而能改，卒霸天下。妾以君王为能法吾先君，将改斯乐而勤于政也。今则不然，而要婢子以死。其可得乎？且君王以束帛乘马[⑤]，取婢子于弊邑，寡君受之太庙也，不约死。妾闻之诸姑，妇人以死彰君之善，益君之宠[⑥]，不闻其以苟从其暗死为荣，妾不敢闻命。"于是王寤，敬越姬之言，而犹亲嬖蔡姬也[⑦]。居二十五年，王救陈，二姬从。王病在军中，有赤云夹日如飞鸟。王问周史，史曰："是害王身，然可以移于将相。"将相闻之，将请以身祷于神。王曰："将相之于孤，犹股肱也[⑧]，今移祸焉，庸为去是身乎？"不听。越姬曰："大哉君王之德！以是，妾愿从王矣。昔日之游，淫乐也，是以不敢许。及君王复于礼，国人皆将为君王死，而况于妾乎？请愿先驱狐狸于地下⑨。”王曰：“昔之游乐，吾戏耳。若将必死，是彰孤之不德也。”越姬曰：“昔日妾虽口不言，心既许之矣。妾闻信者不负其心，义者不虚设其事。妾死王之义，不死王之好也。”遂自杀。王病甚，让位于三弟，三弟不听。王薨于军中，蔡姬竟不能死。王弟子闾与子西、子期谋曰：“母信者，其子必仁。”乃伏师闭壁，迎越姬之子熊章，立，是为惠王。然后罢兵，归葬昭王。君子谓越姬信能死义。《诗》曰：“德音莫违，及尔同死。”越姬之谓也。

颂曰：楚昭游乐，要姬从死。蔡姬许王，越姬执礼。终独死节，群臣嘉美。维斯两姬，其德不比。

注释

①燕游：游乐，闲游。

②囿：古代帝王饲养禽兽的园林。

③弊邑：即敝国，对自己国家或出生之地的谦称。

④苞苴jū：用苇或茅编织成的草袋，包裹鱼肉之类的食品，作为礼物赠送。这里指礼物。

⑤束帛乘马：古代常用作聘问、馈赠的礼物。

⑥益：增加。

⑦嬖bì：宠幸。

⑧股肱gōng：大腿和胳膊。指重臣心腹。

⑨先驱狐狸：比喻效命于人，不惜先死。

译文

楚昭越姬，是越王勾践的女儿，楚昭王的姬妾。一次，昭王出游，蔡姬在左边，越姬在右边。昭王亲自驾着马车奔驰，登上了附社的高台，眺望云梦一带的园囿，看士大夫竞相追逐野物。昭王十分高兴，于是又回头问二姬道："你们高兴吗？"蔡姬答道："高兴。"昭王说道："我想同你这样活着，又这样死去。"蔡姬说道："从前我国君王，征用百姓，侍奉君主马足，以妾婢之身作为礼物馈赠给君王。现在我列于嫔妃之中，因此我愿意生与君王同享乐，以后与君王同死去。"昭王马上回过头对史官说："记下来，蔡姬答应跟我一起死。"

昭王又问越姬。越姬回答道："高兴是高兴，但是不能长久。"昭王说道："我想跟你这样活着，又这样死去，难道不行吗？"越姬回答道："以前我们的先君庄王纵欲玩乐，三年不理朝政，最终能改过，最后称霸天下。我以为君王能效法先君，不沉浸于纵欲玩乐中，勤于政事。如今看来却不是这样的，还要挟我一起死，这样难道可以吗？而且当初君王用束帛乘马的聘礼，到我国迎娶我，我的君王在太庙接受了聘礼，但并没有约定我要跟你一起死。我听长辈们说，妇人要以死来彰显君王的美善，增加君王的宠信，没有听说跟从君主糊里糊涂死去而光荣的，所以我不敢听命。"于是昭王醒悟，敬重越姬的话，但对蔡姬更加宠爱。

过了二十五年，昭王领兵救援陈国，二姬一同前往。昭王在军营中病重，天空中有红云夹着太阳，就好像飞鸟一样。昭王问周室史官吉凶，史官说道：“天象显示君王会有厄运，但能转移到将相身上。”将相听说后，都请求要替昭王祈告神灵。昭王说道：“将相对我来说就好像是大腿胳膊一样重要，现在要移祸避灾，不也是去掉我身体的一部分吗？”于是他没有答应。越姬说道：“君王真是至德的人啊！这样的话，我愿意追随大王去死。从前您游玩淫乐，我不敢听从，如今君王您已经恢复礼制，国人都愿意为君王去死，更何况是我呢？我愿效命先死。”昭王说：“过去游玩的时候，我只是开了个玩笑，如果真的要去死，那是彰显我的不仁德啊。”越姬说道：“过去我虽然没说出口，但是心中已经答应了。我听说守信的人不违背他的内心，有道义的人不会说空话。我死是为大王施行德义，不是为了大王的喜好。”于是她便自杀了。

昭王病重，想将王位让给三个弟弟，三个弟弟没有答应。昭王在军营中去世，蔡姬竟没跟着他去死。昭王的弟弟子闾与子西、子期一起商议道：“母亲忠信，那么她的儿子一定仁厚。”于是他们埋伏军队，封锁军营，迎接越姬的儿子熊章，立他为君，就是惠王。然后撤兵，回国安葬昭王。君子称赞越姬忠信，能为义而死。《诗经》中说：“莫要背弃往日诺言，愿与你恩爱白头偕老。”说的就是越姬这样的人。

颂说：楚昭王游玩，要二姬跟他一起死。蔡姬答应了楚昭王，越姬执守礼制。越姬最终独自守节而死，群臣赞美她。昭王的两位姬妾，她们的德行无法相比。

盖将之妻

盖之偏将丘子之妻也[①]。戎伐盖，杀其君，令于盖群臣曰：“敢有自杀者，妻子尽诛。”丘子自杀，人救之，不得死。既归，其妻谓之曰：“吾闻将节[②]，勇而不果生[③]，故士民尽力而不畏死，是以战胜攻取，故能存国安君。夫战而忘勇，非孝也。君亡不死，非忠也。今军败君死，子独何生？忠孝忘于身，何忍以归？”丘子曰：“盖小戎大，吾力毕能尽，君不幸而死，吾固自杀也，以救故，不得死。”其妻曰：“曩日有救[④]，今又何也？”丘子曰：“吾非爱身也。戎令曰自杀者诛及妻子。是以不死，死又何益于君？”其妻曰：“吾闻之，主忧臣辱，主辱臣死。今君死而子不死，可谓义乎？多杀士民，不能存国而自活，可谓仁乎？忧妻子而忘仁义，背故君而事暴强，可谓忠乎？人无忠臣之道、仁义之行，可谓贤乎？《周书》曰：‘先君而后臣，先父母而后兄弟，先兄弟而后交友，先交友而后妻子。’妻子，私爱也。事君，公义也。今子以妻子之故，失人臣之节，无事君之礼，弃忠臣之公道，营妻子之私爱，偷生苟活，妾等耻之，况于子乎？吾不能与子蒙耻而生焉。”遂自杀。戎君贤之，祠以太牢[⑤]，而以将礼葬之，赐其弟金百镒，以为卿，而使别治盖。君子谓盖将之妻洁而好义。《诗》曰:“淑人君子，其德不回。”此之谓也。

颂曰:盖将之妻,据节锐精。戎既灭盖,丘子独生。妻耻不死，陈设五荣。为夫先死，卒遗显名。

注释

①偏将：副将。

②将节：作为将军的节操。

③不果生：不乐生。果，当作“乐”。

④曩日：以往，从前。

⑤太牢：古代祭祀的时候，牛羊豕三牲全备。

译文

盖将之妻，是盖国副将丘子的妻子。戎人攻伐盖国，杀掉了盖国的君主，对盖国的群臣说道:“谁敢自杀，就将他的妻子儿女全都杀掉。”丘子要自杀，被人救了，没有死成。

丘子回家后，妻子对他说道:“我听说将军应该勇敢无畏而不眷恋活着，这样军民就会竭尽全力，不怕牺牲，因此战争能够取胜，才能保卫国家，保全君王。如果作战胆怯,就是不孝。国君被灭而臣下却不去死,这是不忠。现在军队战败国君死了，你为何还独自活着？不忠不孝，你怎么有脸回来？”丘子说道:“盖国小而敌戎强大，我已尽力，国君还是不幸死了，我本来是要自杀的，可是被人救了，没有死成。”他的妻子说道:“先前有人救你，现在怎么不死了呢？”丘子说道：“并非我珍爱自己的生命。戎人有令说自杀的人都要被诛杀妻子儿女。因为这个我才没有死。我死了对国君又有什么好处？”他妻子说道：“我听说，君主有忧患，臣子就要受辱；君主受辱，臣子就应当去死。现在君主已经死了，但你还没有死，能说得上是义吗？牺牲了许多军民，不能保卫国家，自己还活着，算得上是仁吗？担忧妻子儿女而忘了仁义，背弃先君而侍奉于强暴之徒，能说是忠吗？做人没有忠臣的道义，没有仁义的行为，算得上贤吗？《周书》上说：‘先君主后臣子，先父母后兄弟，先兄弟后妻子儿女。’妻子儿女，属于私爱，侍奉君主，属于公义。现在你因为妻子儿女的缘故，失去了作为人臣的节操，没有尽到侍奉君主的礼节，抛弃了忠臣的公道，只顾妻子儿女的私爱，这样苟且偷生，我们女人都觉得是耻辱，更何况于你呢？我不能跟你一起蒙受耻辱而活着。”于是她自杀了。戎君认为她很贤德，用太牢之礼祭祀她，赏赐给她的弟弟百镒黄金，封他为卿，让他在别处重立盖国。

君子称赞盖国大将的妻子高洁好义。《诗经》中说：“淑人君子，德行不邪僻。”说的就是这个意思。

颂说：盖国副将丘子的妻子，坚守节操，精粹专一。戎人灭了盖国之后，丘子独自存活。妻子为他没死感到耻辱，陈述忠孝仁义贤五种光荣。为了丈夫其身先死，死后流传美名。

鲁义姑姊

鲁义姑姊者，鲁野之妇人也。齐攻鲁至郊，望见一妇人抱一儿携一儿而行，军且及之，弃其所抱，抱其所携而走于山[①]，儿随而啼，妇人遂行不顾。齐将问儿曰："走者尔母耶？"曰："是也。""母所抱者谁也？"曰："不知也。"齐将乃追之，军士引弓将射之，曰："止！不止，吾将射尔。"妇人乃还。齐将问所抱者谁也，所弃者谁也。对曰："所抱者妾兄之子也，所弃者妾之子也。见军之至，力不能两护，故弃妾之子。"齐将曰："子之于母，其亲爱也，痛甚于心，今释之，而反抱兄之子，何也？"妇人曰："己之子，私爱也。兄之子，公义也。夫背公义而向私爱，亡兄子而存妾子，幸而得幸，则鲁君不吾畜，大夫不吾养，庶民国人不吾与也[②]。夫如是，则胁肩无所容[③]，而累足无所履也[④]。子虽痛乎，独谓义何？故忍弃子而行义，不能无义而视鲁国。"于是齐将按兵而止，使人言于齐君曰："鲁未可伐也。乃至于境，山泽之妇人耳，犹知持节行义，不以私害公，而况于朝臣士大夫乎？请还。"齐君许之。鲁君闻之，赐妇人束帛百端[⑤]，号曰义姑姊。公正诚信，果于行义。夫义，其大哉！虽在匹妇，国犹赖之，况以礼义治国乎？《诗》云："有觉德行，四国顺之。”此之谓也。

颂曰：齐君攻鲁，义姑有节。见军走山，弃子抱侄。齐将问之，贤其推理。一妇为义，齐兵遂止。

注释

①走：跑，逃。

②与：结交，交往。

③胁肩：耸着肩膀。

④累足：两脚相叠。履：踩踏。

⑤百端：百匹，形容锦帛很多。

译文

鲁义姑姊，是鲁国一个乡野妇女。齐军攻打鲁国，到了鲁国的城郊，远远看见一个妇女一手抱着一个小孩，一手领着一个小孩往前跑，齐军将要赶上她时，她丢下了抱着的小孩，抱起她牵着的小孩往山上跑去。那个被丢下的孩子哭着跟着跑，但那妇女只管往前跑而没有回头。齐国将领问小孩子道：“那个跑的人是你的母亲吗？”小孩子说：“是的。”“你母亲抱着的是谁的孩子？”小孩子说道：“不知道。”于是齐国将领追上去，军士拉开弓，准备放箭射那个妇女，大叫道：“站住！要是再跑，我们就要放箭射你了！”妇人这才转过身来。齐国将领问她抱的孩子是谁，扔下的孩子又是谁。妇女回答道：“抱着的是我哥哥的儿子，丢下的是我自己的孩子。我看见追兵来了,又抱不动两个孩子,所以就丢下我自己的孩子。”齐国将领问道:“孩子对母亲来说,是最亲爱的人,若孩子有什么意外,母亲内心会非常悲痛,现在你为什么丢下自己的孩子,反而抱着哥哥的孩子呢?”妇人回答说:“对我自己的儿子,是私爱,而爱护哥哥的孩子是公义,违背公义而偏向私爱,牺牲哥哥的孩子保全我的孩子,即使幸存,鲁国君主也不会收留我,大夫们也不会养护我,百姓国民也不会理我。这样的话,我在鲁国就是耸着肩膀也没有容身之地,叠着双脚也没有立足之地。我的儿子虽然痛苦,难道这对义有什么影响吗?所以我忍痛抛弃了自己的孩子去遵从道义,我不能无义生活在鲁国。”于是齐国将领按兵不动,派人对齐国君主说道:“我们不可以讨伐鲁国,大军才刚到边境地带,山野的女人都知道持节行义,不以私害公,更何况是鲁国的朝臣大夫呢?还是撤兵回来吧。”齐国君主答应了他。

鲁国君主听说这件事后,赏赐给这个妇人百匹锦帛,称她为“义姑姊”。

鲁义姑姊公正诚信,敢于行义。义的作用真的很大啊!一个村妇行义,影响到一个国家的存亡,更何况是以礼仪和道义治理国家呢?《诗经》中说:“德行正直高大,四方之人都顺从。”说的就是这个意思。

颂说:齐君攻伐鲁国,义姑有节操。看见军队跑上山,丢弃了自己的儿子抱着侄子。齐国将领问缘故,欣赏她的坚守义理。一个妇女行义,齐兵于是停止攻伐。

代赵夫人

代赵夫人者，赵简子之女，襄子之姊，代王之夫人也。简子既葬，襄子未除服[①]，北登夏屋，诱代王，使厨人持斗以食代王及从者。行斟，阴令宰人各以一斗击杀代王及从者[②]。因举兵平代地，而迎其姊赵夫人。夫人曰："吾受先君之命事代之王，今十有余年矣。代无大故，而主君残之。今代已亡，吾将奚归[③]？且吾闻之，妇人执义无二夫。吾岂有二夫哉？欲迎我何之？以弟慢夫，非义也。以夫怨弟，非仁也。吾不敢怨，然亦不归。"遂泣而呼天，自杀于靡笄之地。代人皆怀之。君子谓赵夫人善处夫妇之间。《诗》云："不僭不贼，鲜不为则。"此之谓也。

颂曰：惟赵襄子，代夫人弟。袭灭代王，迎取其姊。姊引义理，称引节礼。不归不怨，遂留野死。

注释

①除服：脱去丧服，谓不再守孝。

②宰人：掌管膳食的官。

③奚归：到哪里去。

译文

代赵夫人，是赵简子的女儿，赵襄子的姐姐，代王的夫人。简子去世下葬后没多久，襄子还没脱下丧服，就向北登上夏屋之山，诱骗代王。他命厨子酒食招待代王和他的随从。行酒时，暗中令厨官各拿着斗击杀代王和他的随从。随后赵襄子发兵平定代地，要将他的姐姐赵夫人接回去。

赵夫人说道："我奉先君之命来侍奉代王，到现在也有十多年了。代王并没有大的过错，主君却杀了他。现在代国已经灭亡，我还能到哪里去呢？而且我听说，按照礼法，妇女要从一而终。我怎么会再嫁呢？你要接我去哪里？因为弟弟而怠慢丈夫，这是不义；因为丈夫而怨恨弟弟，这是不仁。我不敢怨恨你，但是也不想回去。"于是她对天哭喊，在靡笄之地自杀了。代国的人们都很怀念她。

君子称赞赵夫人善于处理夫妻之间的关系。《诗经》中说："没有差错不做坏事，很少有不被作为典范的。"说的就是这个意思。

颂说：赵襄子，是代王夫人的弟弟。偷袭灭了代王，迎请他的姐姐。姐姐讲究义理，称述节操和礼仪。她不回去也不怨恨，于是在野外自杀而死。

齐义继母

齐义继母者，齐二子之母也。当宣王时，有人斗死于道者，吏讯之，被一创[①]，二子兄弟立其傍，吏问之，兄曰："我杀之。"弟曰："非兄也，乃我杀之。"期年，吏不能决，言之于相，相不能决，言之于王，王曰："今皆赦之，是纵有罪也。皆杀之，是诛无辜也。寡人度其母，能知子善恶。试问其母，听其所欲杀活。"相召其母，问之曰："母之子杀人，兄弟欲相代死，吏不能决，言之于王。王有仁惠，故问母何所欲杀活。"其母泣而对曰："杀其少者。"相受其言，因而问之曰："夫少子者，人之所爱也。今欲杀之，何也？"其母对曰："少者，妾之子也。长者，前妻之子也。其父疾，且死之时，属之于妾曰：'善养视之[②]。'妾曰：'诺。'今既受人之托，许人以诺，岂可以忘人之托而不信其诺邪？且杀兄活弟，是以私爱废公义也；背言忘信[③]，是欺死者也。夫言不约束，已诺不分，何以居于世哉？子虽痛乎，独谓行何？"泣下沾襟。相入言于王，王美其义，高其行，皆赦不杀，而尊其母，号曰义母。君子谓义母信而好义，絜而有让[④]。《诗》曰："恺悌君子[⑤]，四方为则。"此之谓也。

颂曰：义继信诚，公正知礼。亲假有罪，相让不已。吏不能决，王以问母。据信行义，卒免二子。

注释

①创：损伤，伤害。

②养视：养护照看。

③背言：背弃诺言。

④絜jié：清白。

⑤恺悌kǎi tì：和乐平易。

译文

齐义继母，是齐国两个孩子的母亲。齐宣王时，有人在路上被打死了。官吏问讯，发现死者是被一个人杀害的，有两兄弟站在路边，官吏就问他们。哥哥说："人是我杀的。"弟弟说："不是哥哥杀的，是我杀的。"这案子拖了一年，官吏还是不能作出判决，就把这个案子上报了齐相，齐相也不能决断，就上奏给大王。宣王说："现在如果都赦免他们吧，那就是纵容罪犯。都杀了吧，也会诛杀无辜。我想，他们的母亲能够了解儿子的善恶，去问问他们的母亲，听听她是怎么说的，再确定该杀谁不该杀谁。"

齐相招来兄弟两人的母亲问道："你的儿子杀了人，兄弟两个都争着去死，官府不能判决，就禀告了大王。君王仁惠，所以想要问问你谁该杀谁该活？"母亲哭着回答道："杀了小儿子吧。"齐相听了后就问她道："一般人们都疼爱小儿子，现在你提出他该死，是为何呢？"

母亲回答道："小儿子是我生的；大儿子是我丈夫前妻的儿子。他们的父亲重病临死之际，嘱托我道：'好好照顾他。'我说：'好。'我既然已经答应了别人的托付，许诺了别人，怎么可以忘记别人的托付，不守承诺呢？而且杀了哥哥救活弟弟，是以私爱取代了公义；违背诺言，不守信诺，这是欺骗去世的人啊。背弃誓言，不守承诺，靠什么活在世上呢？丧子虽然让我很痛苦，难道这对公义之行有影响吗？"说着掉下了泪水，沾湿了衣襟。

齐相将这番话告诉了宣王，宣王赞美她的义行，敬重她的品行，将她两个儿子都赦免了，而且尊称他们的母亲为"义母"。

君子称赞义母诚信好义，高洁谦让。《诗经》中说："平易近人的君子，是四方之人的榜样。"说的就是这个意思。

颂说：义母坚守诚信，公正无私知礼义。亲子和继子犯了罪，都争着去死。官吏不能决断，宣王让人问他们的母亲。义母据信行义，宣王最终赦免了她的两个儿子。

鲁秋洁妇

洁妇者，鲁秋胡子妻也。既纳之五日，去而官于陈，五年乃归。未至家，见路傍妇人采桑，秋胡子悦之[①]，下车谓曰："若曝采桑[②]，吾行道远，愿托桑荫下餐[③]，下赍休焉[④]。"妇人采桑不辍。秋胡子谓曰："力田不如逢丰年，力桑不如见国卿。吾有金，愿以与夫人。"妇人曰："嘻！夫采桑力作，纺绩织纴[⑤]，以供衣食，奉二亲，养夫子[⑥]。吾不愿金，所愿卿无有外意，妾亦无淫泆之志，收子之赍与笥金[⑦]。"秋胡子遂去。至家，奉金遗母[⑧]，使人唤妇至，乃向采桑者也。秋胡子惭。妇曰："子束发修身[⑨]，辞亲往仕，五年乃还，当所悦驰骤，扬尘疾至。今也乃悦路傍妇人，下子之装，以金予之，是忘母也。忘母不孝，好色淫泆，是污行也[⑩]，污行不义。夫事亲不孝，则事君不忠；处家不义，则治官不理。孝义并亡，必不遂矣。妾不忍见，子改娶矣，妾亦不嫁。"遂去而东走，投河而死。君子曰："洁妇精于善。夫不孝莫大于不爱其亲而爱其人[⑪]，秋胡子有之矣。"君子曰："见善如不及，见不善如探汤[⑫]。"秋胡子妇之谓也。《诗》云："惟是褊心，是以为刺。"此之谓也。

颂曰：秋胡西仕，五年乃归。遇妻不识，心有淫思。妻执无二，归而相知。耻夫无义，遂东赴河。

注释

①悦：喜欢。

②若：你。曝pù：晒。

③托：倚靠，靠着。

④赍jī：行人所带的东西。

⑤纺绩：将丝麻等纺成纱线。织纴rèn：织布。

⑥夫子：称丈夫。

⑦笥sì：用来盛放衣物或饭食的方形竹器。

⑧奉：恭敬地用手捧着。

⑨束发：古代男孩成童，应束发为髻。代指成童。

⑩污行：卑污的品行。

⑪其人：别人，其他的人。

⑫探汤：试探沸水。形容戒惧。

译文

鲁秋洁妇，是鲁国人秋胡子的妻子。秋胡子娶了她五天之后，就离开家到陈国去做官，五年后才回来。

秋胡子还没到家，看见路边有一个妇人在采摘桑叶，心里喜欢她，下车对她说："你晒着采桑，我行远路而来，希望能在桑树下吃东西，卸下行李休息一下。"妇人继续采桑，不理他。秋胡子说："卖力种田不如遇上丰收年，努力采桑不如遇见国卿。我有钱，愿意送给夫人。"妇人说道："哼！我采桑勤劳工作，纺纱织布供养衣食，侍奉双亲，供养丈夫。我不想要你的金子，希望你不要有别的心思，我不是放荡的人，你还是收好行李，拿上笥子里的金子吧。”秋胡子只好离开了。

秋胡子回到家中，捧着金子献给母亲，派人叫自己的妻子回家，看到她后才知道妻子竟然是刚才那个采桑女。秋胡子很羞愧。他的妻子说：“你一成人就为锻炼自己而辞别亲人去做官，五年后才回来，本该欢喜疾驰，快快回到家里。没想到你竟喜欢路边上的妇女，放下你的行李来休息，把金子给她，这是忘记你母亲的表现。忘记母亲是不孝，好色淫荡是恶行，卑劣恶行是不义。侍奉双亲不孝，侍奉君王就会不忠。处理家事不义，为官也会昏聩。既无孝又无义，你一定不会有成就的。我不忍心看见这样，你再娶一个吧，我也不会再嫁的。”于是她就离开家往东投河自杀了。

君子说：“洁妇善于劝谏丈夫。不孝之中没有比不爱自己的亲人而爱别人更重的，秋胡子就是这样的人。”君子说：“看见好事恐怕赶不及，看见不好的事就好像把手伸向热水一样。”说的就是秋胡子的妻子啊。《诗经》中说：“因为内心褊狭，所以作首歌儿把他讽。”说的就是这个意思。

颂说：秋胡子西行做官，五年后才回家。路上遇到了自己的妻子不认识，心中产生淫邪的念头。妻子守礼无二心，回家之后两人相认。秋胡之妻为丈夫无义感到羞耻，于是到东边投河而死。

周主忠妾

周主忠妾者，周大夫妻之媵妾也[1]。大夫号主父，自卫仕于周，二年且归。其妻淫于邻人，恐主父觉，其淫者忧之。妻曰："无忧也，吾为毒酒，封以待之矣。"三日，主父至，其妻曰："吾为子劳，封酒相待。"使媵婢取酒而进之。媵婢心知其毒酒也，计念进之则杀主父[2]，不义；言之又杀主母，不忠。犹与[3]，因阳僵覆酒[4]。主父怒而笞之。既已，妻恐媵婢言之，因以他过笞，欲杀之。媵知将死，终不言。主父弟闻其事，具以告主父。主父惊，乃免媵婢而笞杀其妻。使人阴问媵婢曰："汝知其事，何以不言而反几死乎？"媵婢曰："杀主以自生，又有辱主之名，吾死则死耳，岂言之哉？"主父高其义，贵其意，将纳以为妻。媵婢辞曰："主辱而死而妾独生，是无礼也。代主之处，是逆礼也。无礼逆礼，有一犹愈，今尽有之，难以生矣。"欲自杀，主闻之，乃厚币而嫁之，四邻争娶之。君子谓忠妾为仁厚。夫名无细而不闻，行无隐而不彰。《诗》云："无言不酬，无德不报。"此之谓也。

颂曰：周主忠妾，慈惠有序。主妻淫僻，药酒毒主。使妾奉进，僵以除贼。忠全其主，终蒙其福。

注释

①媵yìng妾：陪嫁的女子。

②计念：盘算。

③犹与：犹豫。

④阳：假装。僵：扑倒。覆：倾倒，翻。

译文

周主忠妾，是周朝大夫妻子陪嫁的侍女。大夫号主父，从卫国到周王室做官，两年后将要回家。他的妻子和邻居有奸情，邻居怕主父发觉，十分担忧。主父的妻子说道："不要担心，我准备好了毒酒，已经封存好等着他。"三天后，主父回家了，他的妻子说道："你辛苦了，我为你准备了美酒。"说完就让婢女取来酒送上，婢女知道那是毒酒，盘算着如何是好，如果送上去，就会毒死主父，是不义；如果说出来又会让主母被杀，是不忠。犹豫了一会儿，她假装摔倒在地，打翻了酒。主父很生气，打了她一顿。过后，妻子担心婢女说出实情，就以其他的事情为借口鞭打她，想要将她打死。婢女知道自己难免一死，始终不肯说出实情。

主父的弟弟知道了这件事，就告诉了主父真相。主父大惊，免了婢女的罪过，将妻子打死了。他派人私下问婢女："你知道这件事，为什么不说呢？反而差点送了命？"婢女说道："如果我说出实情，就会使主母被杀而使我自己存活，还侮辱了主母的名声，我死了就死了，何必再说呢？”主父敬重她的义气，尊重她的心意，想要纳她为妻。婢女谢绝道：“主母耻辱而死而我独自活着，已经是无礼了。取代主母的位置，这是违背礼法，无礼与违礼，有其中一个都很过分，现在我这两条全都有了，难以在世上立足。”她决意自杀，主父听说后，就给了她丰厚的嫁妆让她嫁出去，四方的邻居都争着要娶她。

君子称赞忠妾仁厚。名声不会因为微小而不为人所知，品行不会因为隐蔽而不被彰显。《诗经》中说：“没有出言不回答的，没有恩德不报答的。”说的就是这个意思。

颂说：周大夫的忠妾，慈爱仁惠，尊卑有序。主父的妻子放荡淫乱，在酒中下药想要毒死主父。她让婢妾进酒，婢妾佯装摔倒以除贼。婢妾忠心保全了主父，最终享受了福禄。

魏节乳母

魏节乳母者，魏公子之乳母。秦攻魏，破之，杀魏王瑕，诛诸公子，而一公子不得，令魏国曰："得公子者，赐金千镒。匿之者，罪至夷。"节乳母与公子俱逃，魏之故臣见乳母而识之曰："乳母无恙乎？"乳母曰："嗟乎！吾奈公子何？"故臣曰："今公子安在？吾闻秦令曰：'有能得公子者，赐金千镒。匿之者，罪至夷。'乳母倘言之，则可以得千金。知而不言，则昆弟无类矣[①]。"乳母曰："吁！吾不知公子之处。"故臣曰："我闻公子与乳母俱逃。"母曰："吾虽知之，亦终不可以言。"故臣曰："今魏国已破亡，族已灭。子匿之，尚谁为乎？"母吁而言曰："夫见利而反上者，逆也；畏死而弃义者，乱也。今持逆乱而以求利，吾不为也。且夫凡为人养子者务生之，非为杀之也。岂可利赏畏诛之故，废正义而行逆节哉？妾不能生而令公子擒也。"遂抱公子逃于深泽之中。故臣以告秦军，秦军追，见，争射之，乳母以身为公子蔽，矢著身者数十，与公子俱死。秦王闻之，贵其守忠死义，乃以卿礼葬之，祠以太牢，宠其兄为五大夫，赐金百镒。君子谓节乳母慈惠敦厚，重义轻财。礼，为孺子室于宫，择诸母及阿者[②]，必求其宽仁慈惠，温良恭敬，慎而寡言者，使为子师，次为慈母，次为保母，皆居子室，以养全之。他人无事不得往。夫慈故能爱，乳狗搏虎，伏鸡搏狸，恩出于中心也。《诗》云："行有死人，尚或墐之③。"此之谓也。

颂曰：秦既灭魏，购其子孙。公子乳母，与俱遁逃。守节执事，不为利违。遂死不顾，名号显遗。

注释

①昆弟：兄弟。无类：没有遗类，指全都被杀死。类，族类。

②诸母：庶母。阿者：照看孩子的人。

③墐jìn：通"殣"，掩埋。

译文

魏节乳母，是魏国公子的乳母。秦国攻伐魏国，魏国破灭，秦军杀了魏王瑕和几个公子，只有一个公子没有抓到，秦军下令道："凡是捉到魏国公子的人，赏赐千镒黄金。藏匿他的人要灭族！"

节乳母带着公子一起逃亡，魏国原来的一位大臣看到了乳母，认出了她，说道："乳母你还好吗？"乳母说道："唉！公子怎么办呢？"故臣说道："现在公子在哪里？我听说秦国下令说：'捉到魏国公子的人，赏赐千镒黄金。藏匿他的人要灭族！'乳母要是说出来，就能得到千金，要是你知道公子的下落又不说，那么你的兄弟都要被杀死。”乳母说道：“唉！我不知道公子在哪里。”故臣说道：“我听说公子跟乳母一起逃跑的。”乳母说道：“我即使知道他在哪里，也永远都不会说的。”故臣说：“现在魏国已经灭亡，王族已经被消灭。你还藏着他，是为了谁呢？”乳母长叹一声说道：“见到利益而反上，就是逆；害怕死而丢弃道义，就是乱。现在要我带着逆乱之名去追求私利，我办不到。况且给人家养育孩子，一定要让他活着，不是让他被杀害。怎么能因利益赏赐和害怕诛杀的缘故，废弃正义，背叛节操呢？我不能让公子被擒拿。”于是她抱着公子逃到一片沼泽中。故臣将这一情况告诉了秦军，秦军去追，见到乳母和公子后纷纷射箭，乳母用自己的身体遮挡公子，中了几十支箭，与公子一起死了。

秦王听说了这件事，敬重乳母坚守忠信、为义而死的举动，于是以公卿的礼制来厚葬她，用太牢之礼祭祀她，还宠信他的哥哥，封他为五大夫，赏赐给他百镒黄金。

君子称赞节乳母慈爱敦厚，重义轻财。按礼的规定，为孩子在宫中修建房屋，给他们挑选庶母和保姆，一定要选宽厚仁爱、温和良善、谨慎少言的人，让她们做孩子的老师，其次是慈母，再次是保母，她们都住在孩子的房子里，来抚养和保全孩子。其他人没有事情不能进入孩子的房间。慈祥才有仁爱，正在哺乳期的狗敢同老虎搏斗，正在孵蛋的母鸡敢跟狐狸搏斗，都是恩情发自于内心的表现。《诗经》中说："路上有死人，还有人将他埋。"说的就是这个意思。

颂说：秦军灭了魏国，悬赏捉拿魏王的子孙。公子的乳母带着他一起逃跑。乳母行事坚守节操，不为利益所动。面对死亡义无反顾，她的美名流传开来。

梁节姑姊

梁节姑姊者[①]，梁之妇人也。因失火，兄子与己子在内中，欲取兄子，辄得其子，独不得兄子。火盛，不得复入，妇人将自趣火[②]，其友止之，曰："子本欲取兄之子，惶恐卒误得尔子[③]，中心谓何？何至自赴火？"妇人曰："梁国岂可户告人晓也？被不义之名，何面目以见兄弟、国人哉？吾欲复投吾子，为失母之恩，吾势不可以生。"遂赴火而死。君子谓节姑姊洁而不污。《诗》曰："彼其之子，舍命不渝。"此之谓也。

颂曰：梁节姑姊，据义执理。子侄同内，火大发起。欲出其侄，辄得厥子。火盛自投，明不私己。

注释

①姑姊：父亲的姐姐。

②趣：趋向，奔向。

③惶恐：惊慌，恐惧。

译文

梁节姑姊，是梁国的一位妇女。一次，发生了火灾，她哥哥的儿子跟自己的儿子都被困在屋里，她想先救出哥哥的儿子，却只找到自己的孩子，没有找到哥哥的孩子。

火势越来越大，已经不能再进到屋里去了，妇人想要跳到火中，她的朋友阻止她，道："你本想救出你哥哥的儿子，在惊慌中误把自己的儿子救了出来，你又有什么过意不去的？何必要扑到火里去呢？"妇人回答道："难道要把这想法告诉梁国的每家每户吗？我蒙受不义之名，有何面目去见兄弟与国人呢？我要是把自己的儿子再丢到火里去，就失去了做母亲的恩义，这种情势下，我决不能活着。"于是她就投入火海死了。

君子称赞节姑姊品行高洁不污。《诗经》中说："那个人啊，舍掉性命也不改节。"说的就是她呀。

颂说：梁国的一位妇女，守道义行有理。她的儿子和侄子同在屋内，起了大火。她本想要救出侄子，却救出了自己的儿子。她投身入火中，以表明自己没有私心。

珠崖二义

二义者，珠崖令之后妻及前妻之女也。女名初，年十三。珠崖多珠，继母连大珠以为系臂。及令死，当送丧。法，内珠入于关者死[①]。继母弃其系臂珠。其子男，年九岁，好而取之，置之母镜奁中[②]，皆莫之知。遂奉丧归，至海关，关侯士吏搜索，得珠十枚于继母镜奁中。吏曰："嘻！此值法无可奈何[③]，谁当坐者？"初在，左右顾，心恐母去置镜奁中，乃曰："初当坐之。"吏曰："其状何如？"对曰："君不幸，夫人解系臂弃之。初心惜之，取而置夫人镜奁中，夫人不知也。"继母闻之，遽疾行问初[④]，初曰："夫人所弃珠，初复取之，置夫人奁中，初当坐之。"母意亦以初为实，然怜之，乃因谓吏曰："愿且待，幸无劾儿，儿诚不知也。此珠妾之系臂也，君不幸，妾解去之，而置奁中。迫奉丧，道远，与弱小俱，忽然忘之，妾当坐之。"初固曰："实初取之。"继母又曰："儿但让耳[⑤]，实妾取之。"因涕泣不能自禁。女亦曰："夫人哀初之孤，欲强活初耳，夫人实不知也。"又因哭泣，泣下交颈，送葬者尽哭，哀恸傍人[⑥]，莫不为酸鼻挥涕。关吏执笔书劾，不能就一字。关侯垂泣，终日不能忍决，乃曰："母子有义如此，吾宁坐之，不忍加文，且又相让，安知孰是？”遂弃珠而遣之，既去，后乃知男独取之也。君子谓二义慈孝。《论语》曰：“父为子隐，子为父隐，直在其中矣。”若继母与假女推让争死，哀感傍人，可谓直耳。

颂曰：珠崖夫人，甚有母恩。假继相让，维女亦贤。纳珠于关，各自伏愆。二义如此，为世所传。

注释

①内：同“纳”，私藏，藏有。

②奁 lián：女子用于梳妆的镜匣子。

③值法：触犯法律。

④遽 jù：急忙，赶紧。

⑤但：只是。

⑥傍 páng：旁边。

译文

珠崖二义，是珠崖郡县令的后妻和他前妻的女儿。县令的女儿名初，年纪十三岁。珠崖盛产珍珠，初的继母穿连大珍珠系在手上。县令死后，家人送丧回内地。法律规定，私藏珍珠进入到海关的要判处死刑。继母就扔了手臂上的珠子。她九岁的儿子很好奇，就将珠子捡起来，放在母亲的镜匣里，别人都不知道。

当护送灵柩的人到了海关时，海关官吏检查搜索，在继母的镜匣里找到了十颗珍珠。官吏说道：“唉！这是犯法之事，没什么可说的，谁应当领罪？”初在场，她左右看看，心中担心是继母放在镜匣里的，就说道：“我来领罪。”官吏问道：“这是怎么回事？”初回答道：“先父不幸去世，夫人就丢掉了手臂上的珍珠。我觉得可惜，就捡了回来放在夫人的镜匣里，夫人并不知情。”继母一听，赶紧走过去问初是怎么回事，初说：“夫人丢下的珍珠，我又捡起来，放在夫人的镜匣里，我应当去领罪。”继母也以为初说的是真话，但很爱怜她，就对官吏说道：“请您等一等，希望不要给小孩子治罪，孩子确实不知情。这串珍珠是我系在手臂上的，因为丈夫不幸去世，我解下来放在镜匣中。后来急着料理丧事，道途遥远，又带着孩子们，一不留心，我就把珍珠的事情给忘了，有罪的应当是我。”初坚持说道：“真的是我放的。”继母又说：“小孩子只是在推让，实际上是我放的。”说着情不自禁地哭起来。初也说道：“夫人可怜我是个孤儿，想要我活命，其实她并不知情。”说完也哭了，她们相拥在一起哭泣，送葬的人也都哭了，悲哀之情感染了旁边的人，大家都鼻子一酸，眼泪流了出来。海关的官吏拿着笔写罪状，却一个字都写不出来。海关长官低头落泪，一整天都不忍心作出判决，于是说道：“你们母女如此讲义气，我宁可自己受罪，也不忍心给你们判罪。况且你们两个互相推让，怎么知道该叛谁的罪？”于是就丢了珍珠，放他们走了。离开后，大家才知道是男孩拿的。

君子称赞她们仁慈孝顺。《论语》中说："父亲为儿子隐瞒，儿子为父亲隐瞒，正直就在其中了。"就好像继母与继女争死让活，哀情感染了别人，可以说是正直的人了吧！

颂说：珠崖郡县令的夫人，非常有母亲的恩慈。继女与继母争死让活，这个女孩也很贤惠。带着珠子进海关，各自争着服罪。二人如此有道义，为世间传诵。

郃阳友娣

友娣者，郃阳邑任延寿之妻也，字季儿，有三子。季儿兄季宗与延寿争葬父事，延寿与其友田建阴杀季宗。建独坐死，延寿会赦，乃以告季儿，季儿曰："嘻！独今乃语我乎？"遂振衣欲去。问曰："所与共杀吾兄者为谁？"延寿曰："田建。田建已死，独我当坐之，汝杀我而已。"季儿曰："杀夫不义，事兄之讎亦不义[①]。"延寿曰："吾不敢留汝，愿以车马及家中财物尽以送汝，听汝所之。"季儿曰："吾当安之？兄死而讎不报，与子同枕席而使杀吾兄，内不能和夫家，又纵兄之仇，何面目以生而戴天履地乎[②]？"延寿惭而去，不敢见季儿。季儿乃告其大女曰："汝父杀吾兄，义不可以留，又终不复嫁矣。吾去汝而死，善视汝两弟。"遂以襁自经而死[③]。冯翊王让闻之，大其义，令县复其三子而表其墓[④]。君子谓友娣善复兄仇。《诗》曰："不僭不贼，鲜不为则。"季儿可以为则矣[⑤]。

颂曰：季儿树义，夫杀其兄。欲复兄讎，义不可行。不留不去，遂以自殃。冯翊表墓，嘉其义明。

注释

①讎 chóu：同"仇"，仇人。

②戴天履地：头顶着天，脚踩着地。形容人活在天地之间。

③襁 qiǎng：婴儿的被子或布幅。自经：上吊自杀。

④表其墓：在墓前立碑，以旌表。

⑤则：模范，榜样。

译文

友娣，是郃阳邑任延寿的妻子，字季儿，有三个儿子。有一次，季儿的哥哥季宗与延寿因为父亲的丧事而发生争执，延寿跟他的朋友田建暗中杀了季宗。事发后，只有田建领罪受死，延寿正好遇到大赦被赦免，他回来把这件事告诉了季儿，季儿说道："唉！你怎么到今天才告诉我？"于是就整理衣服准备离开。她问道："和你一起杀死我哥哥的人还有谁？"延寿说："田建。田建已经死了，还有我应当领罪，你杀了我吧。"季儿说道："杀掉丈夫不义，服侍哥哥的仇人也不义。"延寿说道："我不敢挽留你，愿意将车马和家中所有的财物都送给你，随便你去哪里。"季儿说："我该到哪里去呢？哥哥已经死了，又不能替他报仇，跟你同床共枕你却杀死了我的哥哥，对内我不能使夫家和睦，对外又放纵杀死哥哥的仇人，我还有什么面目活着呢？"延寿羞惭不已地走了，不敢见季儿。季儿对她的大女儿说："你的父亲杀死了我的哥哥，从道义上讲我不能再留在这里，也终身不会再嫁。我离开你们去死，你要好好照顾两个弟弟。"

接着她就自缢而死。

冯翊王让听说了这件事，很敬重她的大义，命令县官免去她三个孩子的徭役赋税，并在她墓前立上石碑予以表彰。

君子称赞友娣懂得如何给兄长报仇。《诗经》中说："没有差错不做坏事，很少不被作为典范的。"季儿可以做榜样了。

颂说：季儿坚守正义，丈夫却杀了他的哥哥。她想要给哥哥报仇，按照道义又做不到。既不能留下也不能离开，于是她就自杀了。冯翊王让在她墓前立上石碑予以表彰，赞美她的大义贤明。

京师节女

京师节女者，长安大昌里人之妻也。其夫有仇人，欲报其夫而无道径，闻其妻之仁孝有义，乃劫其妻之父，使要其女为中谲。父呼其女告之，女计念不听之则杀父[1]，不孝；听之，则杀夫，不义。不孝不义，虽生不可以行于世。欲以身当之，乃且许诺[2]，曰：“旦日，在楼上新沐，东首卧则是矣。妾请开户牖待之。”还其家，乃告其夫，使卧他所，因自沐，居楼上东首，开户牖而卧。夜半，仇家果至，断头持去，明而视之，乃其妻之头也。仇人哀痛之，以为有义，遂释不杀其夫。君子谓节女仁孝，厚于恩义也。夫重仁义轻死亡，行之高者也。《论语》曰：“君子杀身以成仁，无求生以害仁。”此之谓也。

颂曰：京师节女，夫雠劫父。要女间之，不敢不许。期处既成，乃易其所。杀身成仁，义冠天下。

注释

①计念：盘算。

②且：通“徂”，到，往。

译文

京师节女，是长安大昌里人的妻子。她的丈夫有个仇人，想要报仇又没有途径，听说他的妻子仁爱、孝顺、有节义，就劫持了他妻子的父亲，要挟他的女儿做内应。父亲把女儿叫去，告诉了她这件事。女儿心想：如果不听仇人的话，他就会杀掉父亲，是不孝；如果听从，仇人就会杀死丈夫，是不义。不孝不义，即使活着也无法在世上立身。她想让自己顶替丈夫，就到仇人那里答应了他，说道："明天，在楼上刚刚洗过头后，靠东面躺着的就是他。我会打开门窗等你。"她回到家，让丈夫睡到别的地方，而自己在楼上洗好头，打开门窗，然后躺在东面。

到了半夜，仇家果真来了，他割了头就提走，天亮一看，竟然是要杀之人妻子的头。仇家感到悲哀难过，觉得这个女子很有义气，就饶过她的丈夫，不再杀他。

君子称赞节女仁厚孝顺，恩义深厚。重视仁义，轻视死亡，行为很高尚。《论语》中说："君子牺牲自己以成就仁德，不会贪生来损害仁德。"说的就是这个意思。

颂说：京师守节之女，丈夫的仇人劫持了她的父亲。仇人要挟她作内奸，她不敢不答应。与丈夫的仇人约好时间地点后，就与丈夫更换地方。她杀身成仁，道义冠绝天下。

卷六　辩通传

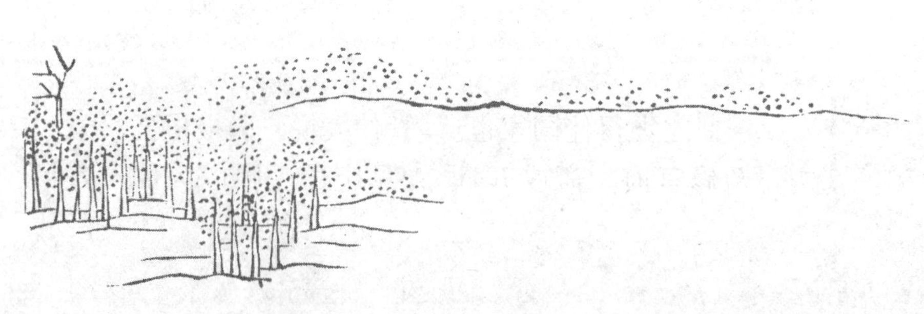

齐管妾婧

妾婧者，齐相管仲之妾也。宁戚欲见桓公，道无从[①]，乃为人仆。将车宿齐东门之外[②]，桓公因出，宁戚击牛角而商歌[③]，甚悲，桓公异之，使管仲迎之。宁戚称曰："浩浩乎白水！"管仲不知所谓，不朝五日，而有忧色。其妾婧进曰："今君不朝五日而有忧色，敢问国家之事耶？君之谋也？"管仲曰："非汝所知也。"婧曰："妾闻之也，毋老老，毋贱贱，毋少少，毋弱弱。"管仲曰："何谓也？""昔者太公望年七十，屠牛于朝歌市，八十为天子师，九十而封于齐。由是观之，老可老耶？夫伊尹，有㜪氏之媵臣也。汤立以为三公，天下之治太平。由是观之，贱可贱耶？皋子生五岁而赞禹[④]。由是观之，少可少耶？駃騠生七日而超其母[⑤]。由是观之，弱可弱耶？"于是管仲乃下席而谢曰[⑥]："吾请语子其故。昔日，公使我迎宁戚，宁戚曰：'浩浩乎白水！'吾不知其所谓，是故忧之。"其妾笑曰："人已语君矣，君不知识耶[⑦]？古有《白水》之诗。诗不云乎：'浩浩白水，儵儵之鱼。君来召我，我将安居？国家未定，从我焉如？'此宁戚之欲得仕国家也。"管仲大悦，以报桓公。桓公乃修官府，斋戒五日[⑧]，见宁子，因以为佐，齐国以治。君子谓妾婧为可与谋。《诗》云："先民有言，询于刍荛[9]。”此之谓也。

颂曰：桓遇宁戚，命管迎之。宁称《白水》，管仲忧疑。妾进问焉，为说其诗。管嘉报公，齐得以治。

注释

①道无从：没什么途径可走，指无人引荐。

②将车：驾御车辆。

③商歌：悲凉的歌。

④赞：辅佐，辅助。

⑤駃騠 jué tí：公马与母驴所生的杂种力畜。也称驴骡。

⑥下席：离开席位，表示恭敬。谢：道歉。

⑦知识：懂得，知道。

⑧斋戒：古人在祭祀或行礼之前沐浴更衣，不喝酒，不吃荤，以示虔诚恭敬。

⑨刍荛chú ráo：割草打柴，此指割草打柴的人。

译文

妾婧，是齐国相国管仲的小妾。一次，宁戚想要见齐桓公，没什么途径，就做别人的仆从。他赶着大车，停在齐国东门的外面，桓公正好从城内出来，宁戚敲着牛角唱歌，歌声非常悲切，桓公觉得奇怪，就让管仲去询问他。宁戚说：“白水浩浩荡荡啊！”管仲不知道是什么意思，五天都没有上朝，面带忧愁之色。妾婧就问他：

“到今天您已经五天没有上朝了，而且面带忧色，敢问是为国家大事呢？还是您自己在谋划什么事情呢？”管仲说：“这不是你所能知道的。”妾婧说：“我听说，不要以老人年老、贱人低贱、小孩年少、弱者瘦弱而加以轻视。”管仲问：“什么意思？”妾婧答道：“以前太公望七十岁的时候，在朝歌集市上宰牛，八十岁的时候做天子的老师，九十岁的时候封于齐国做诸侯。由此看来，可以因为老人年老而轻视他吗？伊尹本来是有莘氏陪嫁的奴仆，后来汤让他位居三公，使得天下大治，社会太平。由此可见，可以因为贱人地位低下就轻视吗？皋子五岁时就能辅佐大禹。由此可见，可以因为小孩年少就轻视他吗？驴骡生下来七天就比它的母亲跑得快。由此可见，可以因为弱者弱小就轻视他吗？”

管仲听后，起身向妾婧道歉道：“我将这件事情的原委告诉你。前几天，国君让我迎请宁戚，宁戚说：‘浩浩荡荡的白水！’我不知道他说的是什么意思，因此忧虑。”妾婧笑道：“别人已经告诉你了，你怎么不懂呢？从前有一首《白水》诗，诗不是这样说的吗：‘浩浩荡荡的白水，游来游去的鱼。君王召请我，我将去哪里？国家尚未安定，让我跟从你到哪里？’这是宁戚想要到朝廷中做官啊。”管仲听后十分高兴，就将此事上奏给桓公。桓公于是修筑官署，斋戒了五天，然后才召见宁戚，任他为辅佐大臣，齐国取得大治。

君子称赞妾婧是可以与之一起谋划的人。《诗经》

中说："古人有言，要向割草打柴之人请教。"说的就是这个意思。

颂说：齐桓公遇到了宁戚，命管仲去迎请他。宁戚唱《白水》之歌，管仲忧愁疑惑。妾婧进见问原因，为管仲解说诗歌。管仲赞赏她，将此上报齐桓公，国家取得大治。

楚江乙母

楚大夫江乙之母也。当恭王之时，乙为郢大夫。有入王宫中盗者，令尹以罪乙，请于王而绌之[①]。处家无几何[②]，其母亡布八寻[③]，乃往言于王曰："妾夜亡布八寻，令尹盗之。"王方在小曲之台，令尹侍焉。王谓母曰："令尹信盗之，寡人不为其富贵而不行法焉。若不盗而诬之，楚国有常法。"母曰："令尹不身盗之也，乃使人盗之。"王曰："其使人盗奈何？"对曰："昔孙叔敖之为令尹也，道不拾遗，门不闭关，而盗贼自息。今令尹之治也，耳目不明，盗贼公行，是故使盗得盗妾之布，是与使人盗何以异也？"王曰："令尹在上，寇盗在下，令尹不知，有何罪焉？"母曰："吁，何大王之言过也！昔日妾之子为郢大夫，有盗王宫中之物者，妾子坐而绌，妾子亦岂知之哉？然终坐之。令尹独何人，而不以是为过也？昔者周武王有言曰：'百姓有过，在予一人。'上不明则下不治，相不贤则国不宁。所谓国无人者，非无人也，无理人者也。王其察之。"王曰："善。非徒讥令尹，又讥寡人。"命吏偿母之布，因赐金十镒。母让金、布曰："妾岂贪货而干大王哉[④]？怨令尹之治也[⑤]。"遂去，不肯受。王曰："母智若此，其子必不愚。"乃复召江乙而用之。君子谓乙母善以微喻。《诗》云：“猷之未远，是用大谏。”此之谓也。

颂曰：江乙失位，乙母动心。既归家处，亡布八寻。指责令尹，辞甚有度。王复用乙，赐母金布。

注释

①绌：通“黜”，罢免，革除。

②处家：居家，在家里。

③亡：丢失，丧失。寻：古代的长度单位，一寻等于八尺。

④干：冒犯，触犯。

⑤怨：不满。

译文

楚江乙母，是楚国大夫江乙的母亲。楚恭王时，江乙任郢都大夫。有人入宫偷盗，令尹将此罪加到江乙身上，请求恭王将他免职。

江乙被罢官，在家没待多久，他的母亲丢了八寻布，就去向恭王诉说道：“昨晚我丢了八寻布，是令尹偷的。”当时恭王正在小曲台上，令尹陪侍在他旁边。恭王对乙母说：“如果令尹真的偷了，我绝不会因为他富贵就不以法制裁。若他没有偷，你诬告他，楚国也有法律可治罪于你。”江乙的母亲说道：“令尹没有亲自偷，是他让别人偷的。”恭王问：“他怎么叫别人偷的？”江乙的母亲答道："过去孙叔敖当令尹时，东西掉在地上也没人捡，家门不用关，也没有盗贼。当今令尹治理楚国，耳不闻目不见，盗贼公然行动，所以强盗偷去了我的布，跟令尹派他们来偷有什么不同呢？"恭王说道："令尹在朝上，强盗在民间，令尹不知道他们的行动，有什么罪呢？"江乙的母亲说道："唉！大王错了！曾经我儿子做郢都大夫时，有人偷了宫中的东西，我儿子因此获罪被免职，他又怎会知道强盗要偷东西呢？但他最后还是被牵连。令尹是什么人，而不能将这看做是他的罪过？过去周武王说过：'百姓们有错，全是我一人的过错。'君主不明察，官员就不能治理好国家；相国不贤能，国家就不会安宁。所谓国家无人，并非真的没有人，而是没有能治理国家的人。大王请明察。"

恭王说："好。你的话不仅仅批评了令尹，也批评了我。"恭王命官吏赔偿江乙母亲损失的布，赏赐给她十镒黄金。江乙母亲推辞不接受黄金和布匹，说道："我怎会是因为贪求财物来冒犯大王呢？我只是不满令尹不擅治理国政。"于是她就离开了，最终没有接受赏赐。恭王说："母亲有如此智慧，她的儿子一定不会愚蠢。"于是又召来江乙加以任用。

君子称赞江乙母亲善于通过细微的事情来讽喻。《诗经》中说："计谋短浅，所以要竭力劝谏。"说的就是这个意思。

颂说：江乙失去了官位，他的母亲心中不平。江乙回家后，母亲丢了八寻布。她指责令尹，言辞十分节制持中。恭王重新任用江乙，赏赐江乙母亲黄金和布匹。

晋弓工妻

弓工妻者，晋繁人之女也。当平公之时，使其夫为弓，三年乃成。平公引弓而射[①]，不穿一札[②]。平公怒，将杀弓人。弓人之妻请见曰："繁人之子，弓人之妻也。愿有谒于君。"平公见之。妻曰："君闻昔者公刘之行乎？羊牛践葭苇，恻然为民痛之[③]。恩及草木，岂欲杀不辜者乎？秦穆公有盗食其骏马之肉，反饮之以酒。楚庄王臣援其夫人之衣而绝缨[④]，与饮大乐。此三君者，仁著于天下，卒享其报，名垂至今。昔帝尧茅茨不剪[⑤]，采椽不斫[⑥]，土阶三等[⑦]，犹以为为之者劳，居之者逸也。今妾之夫，治造此弓，其为之亦劳。其干生于太山之阿[⑧]，一日三睹阴，三睹阳。傅以燕牛之角[⑨]，缠以荆麋之筋，糊以河鱼之胶。此四者，皆天下之妙选也[⑩]。而君不能以穿一札，是君之不能射也，而反欲杀妾之夫，不亦谬乎？妾闻射之道，左手如拒，右手如附枝，右手发之，左手不知，此盖射之道也。"平公以其言而射，穿七札，繁人之夫立得出，而赐金三镒。君子谓弓工妻可与处难。《诗》曰："敦弓既坚，舍矢既钧。"言射有法也。

颂曰：晋平作弓，三年乃成。公怒弓工，将加以刑。妻往说公，陈其干材。列其劳苦，公遂释之。

注释

①引：拉。

②札：铠甲上的叶片。

③恻然：哀怜悲伤的样子。

④援：拽。绝：断。缨：系在脖子上的帽带。

⑤茅茨 cí：亦作“茆茨”，茅草盖的屋顶，亦指茅屋。

⑥采：木名，栎木。椽：放在檩上架着屋顶的木条。斫 zhuó：砍，削。

⑦土阶：土筑的台阶。指居室简陋。

⑧太山：即泰山。阿：凹曲处。

⑨傅：通“附”，附着。

⑩妙选：指中选的精品。

译文

弓工的妻子，是晋国繁人的女儿。平公执政时，命她的丈夫制作弓，用了三年才制成。平公拉弓射箭，一层铠甲也没穿透。平公很生气，要杀弓工。

弓工的妻子请求拜见平公，她说道：“我是繁人的女儿，弓工的妻子，希望能拜谒君上。”平公召见了她。弓工的妻子说道：“君王知道从前公刘的事迹吗？牛羊践踏了芦苇，他为百姓感到痛惜。他的恩德施及草木，怎会杀无辜的人呢？秦穆公时，有人偷杀了他的骏马吃，他非但不责罚，反而给小偷酒喝。楚庄王的臣子，曾拽庄王夫人的衣服，被夫人把帽缨都拉断了，庄王居然和他一起畅饮。这三个君王，仁德遍及天下，最后都得到了回报，名声流传至今。从前帝尧崇尚俭朴，茅草做的屋顶没有修葺，栎木做的椽子也没有砍削，土筑台阶只有三层，但他还是认为修筑房屋的人太劳累，住的人太安逸了。如今我的丈夫制作这张弓，他确实也很辛苦。弓干部分的木材长在泰山的山坳里，一天经过三阴三晒，然后再装配燕地的牛角，缠上荆楚的鹿筋，糊上河鱼的胶，这四样东西，都是天下中选的精品。但大王不能用它穿透一层铠甲，这是君王不会射箭，您反而要杀死我的丈夫，这不是太荒谬了吗？我听说射箭的方法在于左手像推拒，右手像附在树枝上，右手发箭，左手手腕不动，这才是射箭的方法啊。”

平公按照她说的方法去射箭，射穿了七层铠甲，于是就释放了她的丈夫，赏赐他三镒黄金。

君子称赞弓工的妻子能够与人共渡难关。《诗经》中说：“精美的弓很坚固，射出的箭都能射中。”是说射箭是有方法的。

颂说：晋平公让人作弓，三年才完成。因射不穿而对弓工十分生气，将要给他施刑。弓工的妻子前去说服平公，陈述弓的材质。她列举弓工的劳苦，晋平公才释放了他。

齐伤槐女

齐伤槐女者，伤槐衍之女也，名婧。景公有所爱槐，使人守之，植木悬之，下令曰："犯槐者刑，伤槐者死。"于是衍醉而伤槐。景公闻之曰："是先犯我令。"使吏拘之，且加罪焉。婧惧，乃造于相晏子之门曰[①]："贱妾不胜其欲，愿得备数于下。"晏子闻之，笑曰："婴其有淫色乎？何为老而见奔？殆有说[②]，内之至哉[③]！"既入门，晏子望见之曰："怪哉，有深忧！"进而问焉，对曰："妾父衍，幸得充城郭为公民。见阴阳不调，风雨不时，五谷不滋之故，祷祠于名山神水。不胜曲蘗之味[④]，先犯君令，醉至于此，罪故当死。妾闻明君之莅国也[⑤]，不损禄而加刑，又不以私恚害公法[⑥]，不为六畜伤民人，不为野草伤禾苗。昔者宋景公之时，大旱，三年不雨，召太卜而卜之，曰：'当以人祀之。'景公乃降堂，北面稽首曰[⑦]：'吾所以请雨者，乃为吾民也。今必当以人祀，寡人请自当之。'言未卒，天大雨，方千里。所以然者何也？以能顺天慈民也，今吾君树槐，令犯者死。欲以槐之故杀婧之父，孤妾之身[⑧]，妾恐伤执政之法而害明君之义也。邻国闻之，皆谓君爱树而贱人，其可乎？"晏子惕然而悟[⑨]。明日，朝，谓景公曰："婴闻之，穷民财力谓之暴；崇玩好，威严令谓之逆；刑杀不正，谓之贼。夫三者，守国之大殃也。今君穷民财力，以美饮食之具，繁钟鼓之乐，极宫室之观⑩，行暴之大者也。崇玩好，威严令，是逆民之明者也。犯槐者刑，伤槐者死，刑杀不正，贼民之深者也。”公曰：“寡人敬受命。”晏子出，景公即时命罢守槐之役，拔植悬之木，废伤槐之法，出犯槐之囚。君子曰：“伤槐女能以辞免。”《诗》云：“是究是图，亶其然乎！”此之谓也。

颂曰：景公爱槐，民醉折伤。景公将杀，其女悼惶。奔告晏子，称说先王。晏子为言，遂免父殃。

注释

①造：到，往。

②殆：大概，表揣测。

③内 nà：同“纳”，收入，接受。

④曲蘖 niè：指酒。

⑤莅国：犹言当国、治国。

⑥恚 huì：怨恨。

⑦稽首：古时的一种跪拜礼，叩头至地，是九拜中最恭敬的一种。

⑧孤：使……成为孤儿。

⑨惕然：惶恐貌。

⑩观 guàn：台榭。

译文

齐伤槐女，是一个伤害槐树、名叫衍的人的女儿，她的名字叫婧。齐景公有一棵他很喜欢的槐树，派人守护，并栽了树桩，悬挂着命令道："碰到槐树的判刑，伤害槐树的要被处死。"一次，衍喝醉了伤到了槐树。景公听说后说道："这是最早触犯我命令的人。"他派人拘捕了衍，准备判罪。

婧很怕父亲遭罪，就到齐相晏子的门前说："我痴心妄想，有话想到府上说。"晏子听了后，笑道："我晏婴难道有淫邪的表情吗？为何老了之后还有人想要见我？她大概是有话要说吧，让她进来。"等到婧进来后，晏子见她道:"奇怪啊,她面带忧虑。"接着问她。婧说:"我的父亲衍，有幸住在都城内，成为君王的臣民。他见阴阳不调，风雨不依时，五谷不生长，就到名山大川处祈祷，没想到不胜酒力，第一个触犯了君王的法令，醉成这个样子，又犯了这样的罪，按律应当被处死。我听说贤明的君王治理国家，不会减少俸禄而增加刑罚，不会以私害公，不会因为六畜而伤害百姓，不会因为野草而伤害禾苗。从前宋景公在位的时候，天大旱，三年没有下雨,景公招来太卜占卜,卦象上说:'应当用人来祭祀。'景公就走下殿堂向北稽首道：'我之所以来求雨，就是为了百姓。如果今天一定要用人来祭祀的话,就用我吧。'话还没说完，天降大雨，滋润方圆千里。之所以这样是为什么呢？是因为景公能顺应天命，慈爱百姓。现今我们的君王为槐树颁布法令，触碰到槐树的人就要处死，为了这棵槐树，还准备杀了我的父亲，使我成为孤儿。我担心这样恐怕会有伤执政的法律，损害圣明君王的德义。邻国听说这件事，都会说我们的君王爱护树木，轻视人民，这怎么行呢？”晏子猛然醒悟过来。

第二天上朝，晏子对景公说道：“我听说，穷尽人民的财力称之为暴；崇尚玩好之物，发布严刑峻法称之为逆；刑罚杀戮有偏差称之为贼。这三样是治理国家的大忌。如今君王穷民财力，置办精美的食具，增置钟鼓乐曲，建造华丽的宫室楼台，这是暴行啊。崇尚玩好之物，颁布严刑峻法，明显地违背民意，触到了槐树就要加以刑罚，伤害槐树的就要去死，是枉杀人命，对百姓的残害太大了。”景公说道：“我接受你的意见。”晏子退出后，景公马上命令取消守护槐树的劳役，拔掉悬挂法令的木桩，废除了伤槐的法令，放出伤槐的囚犯。

君子说：“伤槐女能够用言辞使父亲免罪。”《诗经》中说：“深思熟虑，道理的确是这样。”说的就是这个意思。

颂说：景公喜爱槐树，一个百姓醉后折伤了它。景公将要杀他，他的女儿很惶恐。奔走求告晏子，称述先王的善行。晏子劝说景公，使得她的父亲免除了杀身之祸。

楚野辩女

楚野辩女者，昭氏之妻也。郑简公使大夫聘于荆[①]，至于狭路，有一妇人乘车，与大夫遇，毂击而折大夫车轴[②]，大夫怒，将执而鞭之。妇人曰："妾闻君子不迁怒[③]，不贰过[④]。今于狭路之中，妾已极矣，而子大夫之仆不肯少引[⑤]，是以败子大夫之车，而反执妾，岂不迁怒哉？既不怒仆，而反怨妾，岂不贰过哉？《周书》曰：'毋侮鳏寡[⑥]，而畏高明[⑦]。'今子列大夫而不为之表，而迁怒贰过，释仆执妾，轻其微弱，岂可谓不侮鳏寡乎？吾鞭则鞭耳，惜子大夫之丧善也！"大夫惭而无以应，遂释之，而问之。对曰："妾楚野之鄙人也。"大夫曰："盍从我于郑乎[⑧]？"对曰："既有狂夫[⑨]，昭氏在内矣。"遂去。君子曰："辩女能以辞免"。《诗》云："惟号斯言，有伦有脊。"此之谓也。

颂曰：辩女独乘，遇郑使者。郑使折轴，执女忿怒。女陈其冤，亦有其序。郑使惭去，不敢谈语。

注释

①聘：访问，古代指代表国家访问友邦。荆：中国古代"九州"之一，春秋时楚国别称。

②毂gǔ：车轮中心的圆木，外沿与车辐相接，中有

圆孔，可以插轴。

③迁怒：把自己的怒气或对别人的怒气发泄到另外一个人身上。

④贰过：犯同一种过错。

⑤引：退避，回避。

⑥鳏寡 guān guǎ：鳏，年老没有妻子的人。寡，没有丈夫的人。泛指老弱孤苦的人。

⑦高明：显贵的人。

⑧盍：何不，表示反问或疑问。

⑨狂夫：古代妇人自称其夫的谦词。

译文

楚野辩女，是昭氏的妻子。一次，郑简公派大夫到楚国去访问，到了一条狭窄的小路上，有一妇人坐着的车与大夫的车相撞。车毂相触，大夫车子的车轴被折断，大夫很生气，抓住她想打她一顿。

妇人说道："我听说君子不迁怒于人，不犯同一种过错。今天我们狭路相逢，我已经退到路边，而你的仆人不肯稍稍退后，这才损坏了你的车，你反而要来抓我，难道这不是迁怒于人吗？你不责备你的仆人，反而来怨恨我，难道不是重犯错误吗？《周书》上说：'不要欺负老弱孤苦而害怕显贵的人。'如今你身为大夫不做出表率，反而要迁怒怪罪于我，原谅你的马夫来抓我，轻视弱者，怎么能说是不侮辱柔弱的人呢？我被鞭打也就罢了，只是大夫已经丧失善心了！”大夫感到羞惭不已，无以应对，就放了她，问她是谁。妇女回答道："我是楚国乡下的一个粗鄙百姓。"大夫说道："何不跟我一起到郑国去呢？"妇人回答道："我已经有丈夫昭氏在家里了。"说完就走了。

君子说："辩女能以言辞免祸。"《诗经》中说："大声讲出的这番话，其中很有道理。"说的就是这个意思。

颂说：辩女独自乘车，在路上遇到了郑国的使者。郑国使者的车子车轴折断，他抓住辩女，十分愤怒。女子称述自己的冤屈，说得有条有理。郑国使者惭愧离去，不敢再说话。

阿谷处女

阿谷处女者，阿谷之隧浣者也①。孔子南游，过阿谷之隧，见处子佩璜而浣②。孔子谓子贡曰："彼浣者其可与言乎？"抽觞以授子贡曰③："为之辞以观其志。"子贡曰："我北鄙之人也④。自北徂南，将欲之楚，逢天之暑，我思谭谭⑤，愿乞一饮，以伏我心。"处子曰："阿谷之隧，隐曲之地⑥，其水一清一浊，流入于海，欲饮则饮，何问乎婢子⑦？"授子贡觞，迎流而挹之⑧，投而弃之，从流而挹之，满而溢之，跪置沙上，曰："礼不亲授。"子贡还报其辞。孔子曰："丘已知之矣"。抽琴去其轸，以授子贡曰："为之辞。"子贡往曰："向者闻子之言，穆如清风⑨，不拂不寤⑩，私复我心，有琴无轸，愿借子调其音。"处子曰："我鄙野之人也。陋固无心，五音不知，安能调琴？"子贡以报孔子。孔子曰："丘已知之矣。过贤则宾⑪。"抽絺绤五两以授子贡⑫，曰："为之辞。"子贡往曰："吾北鄙之人也。自北徂南，将欲之楚，有絺绤五两，非敢以当子之身也，愿注之水旁。"处子曰："行客之人，嗟然永久，分其资财，弃于野鄙，妾年甚少，何敢受子？子不早命，窃有狂夫名之者矣。"子贡以告孔子。孔子曰："丘已知之矣。斯妇人达于人情而知礼。"《诗》云："南有乔木，不可休息。汉有游女，不可求思。”此之谓也。

颂曰：孔子出游，阿谷之南。异其处子，欲观其风。子贡三反，女辞辨深。子曰达情，知礼不淫。

注释

①浣者：洗衣服的人。

②璜：半璧形的玉。

③觞：酒器。

④鄙：郊野之处，边远的地方。

⑤谭谭：疑作“燂qián”，火热。

⑥隐曲：幽深曲折。

⑦婢子：古时妇人谦称自己。

⑧挹yì：舀，把液体盛出来。

⑨穆：温和，和畅。

⑩拂：违背，不顺。寤：借为“忤”，逆，不顺从。

⑪过：遇到。

⑫絺绤 chī xì：葛布的统称。葛之细者曰絺，粗者曰绤。

译文

阿谷处女，是在阿谷山道旁洗衣服的女孩。孔子到南边游历的时候，经过阿谷山道，见一个女孩佩戴着玉璜在洗衣服。孔子对子贡说：“你可以跟那个洗衣服的女孩说话吗？”他拿出酒杯给子贡说道：“跟她说说话去了解她的志向。”子贡上前对女孩说道：“我是北方乡野之人，从北到南，要到楚国去，赶上天气暑热，心里很燥热，希望能讨一杯水喝，降下心中燥热。”女孩说道：“阿谷山道，偏僻幽静，这里的溪水一条清澈，一条浑浊，都流入大海去，你们想喝就喝，为何还要问我呢？”她拿过子贡的杯子，逆着水流舀水，拿起来倒了，再顺着水流舀，装满水后，跪着把杯子放在沙子上，说：“按照礼法我不能亲自给你。”

子贡返回，把女孩的话告诉孔子。孔子说：“我知道了。”他拿出一把琴，拿掉琴的转轴，交给子贡说道：“你再去跟她说说话。”子贡上前对女孩说道：“刚才我听你说话，你声音悦耳如同清风一般，让我感到耳目一新，和我的想法不谋而合。这里有把琴，少了转轴，希望你能调一下音。”女孩说道：“我是一个乡野之人，鄙陋无知，不懂五音，怎能调琴呢？”子贡返回，将她的话告诉给孔子。孔子说道：“我已经知道了，她遇见贤人，就会礼待他们。”

孔子抽出五两葛布给子贡说道：“你再去和她说说话。”子贡上前对女孩说道：“我是北方乡野之人，从北到南，要到楚国去。这里有五两葛布，不敢说做成衣服恰好合你的身，只是希望能放在水边。”女孩说道：“行路的客人嗟叹许久，你却将资财扔弃在乡野，我的年纪很小，怎么敢接受你的馈赠？你没有早成婚，我已经有丈夫了。”子贡将这话告诉了孔子。孔子说道：“我已经知道了。这个妇人通人情，懂礼仪。”《诗经》中说：“南方有高大的乔木，不可以歇息在树下。汉江边有游玩的姑娘，不可以将她追求。”说的就是这个意思。

颂说：孔子出游，到了阿谷的南边。认为那里的女孩不寻常，想要观察她的风度。子贡三次往返，女孩的言辞颇有深意。孔子说她通达人情，懂得礼仪不淫辟。

赵津女娟

赵津女娟者，赵河津吏之女[1]，赵简子之夫人也。初，简子南击楚，与津吏期。简子至，津吏醉卧，不能渡，简子欲杀之。娟惧，持楫而走。简子曰："女子走何为？"对曰："津吏息女[2]。妾父闻主君来渡不测之水，恐风波之起，水神动骇，故祷祠九江三淮之神[3]，供具备礼，御釐受福，不胜巫祝[4]，杯酌余沥[5]，醉至于此。君欲杀之，妾愿以鄙躯易父之死。"简子曰："非女之罪也。"娟曰："主君欲因其罪而杀之，妾恐其身之不知痛，而心不知罪也。若不知罪杀之，是杀不辜也。愿醒而杀之，使知其罪。"简子曰："善。"遂释不诛。简子将渡，用楫者少一人，娟攘卷掺楫而请[6]，曰："妾愿备员持楫。"简子曰："不穀将行[7]，选士大夫，斋戒沐浴，义不与妇人同舟而渡也。"娟对曰："妾闻昔者汤伐夏，左骖牝骊[8]，右骖牝靡[9]，而遂放桀。武王伐殷，左骖牝骐[10]，右骖牝骥[11]，而遂克纣，至于华山之阳。主君不欲渡则已，与妾同舟，又何伤乎？"简子悦，遂与渡。中流，为简子发《河激》之歌，其辞曰："升彼阿兮面观清，水扬波兮杳冥冥。祷求福兮醉不醒，诛将加兮妾心惊。罚既释兮渎乃清，妾持楫兮操其维。蛟龙助兮主将归，呼来棹兮行勿疑。"简子大悦曰："昔者不谷梦娶妻，岂此女乎？"

将使人祝祓以为夫人[12]。娟乃再拜而辞曰："夫妇人之礼,非媒不嫁。严亲在内[13],不敢闻命。"遂辞而去。简子归,乃纳币于父母[14],而立以为夫人。君子曰:"女娟通达而有辞。"《诗》云:"来游来歌,以矢其音。"此之谓也。

颂曰:赵简渡河,津吏醉荒。将欲加诛,女娟恐惶。操楫进说,父得不丧。维久难蔽,终遂发扬。

注释

①津:渡口。

②息女:亲生女儿。

③祷祠:谓向神求福及得福而后报赛以祭。

④巫祝:古代称事鬼神者为巫,祭主赞词者为祝,后连用以指掌占卜祭祀的人。

⑤余沥:指酒的余滴,剩酒。

⑥攘卷 rǎng juàn:卷袖曲臂。掺 shǎn:持,握。

⑦不榖:诸侯对自己的谦称。

⑧骖 cān:古代驾在车前两侧的马。骊 lí:深黑色的马。

⑨牝 pìn:雌性的鸟或兽,与"牡"相对。麛:通"麋",麋鹿。

⑩骐:有青黑色纹理的马。

⑪骥 huáng:毛色黄白相杂的马。

⑫祝祓 fú:求告神灵降福除灾。

⑬严亲:父母。

⑭纳币：古代婚礼六礼之一。纳吉之后，择日具书，送聘礼至女家，女家受物复书，婚姻乃定。亦称文定，俗称过定。

译文

赵津女娟，是赵国河津渡口官吏的女儿，赵简子的夫人。当初，赵简子南下攻打楚国，与津吏约定了时间。当简子到达渡口的时候，津吏却喝醉酒躺倒了，不能开船送他们过河，简子想要杀了他。

娟很害怕，拿了船桨就跑。简子问道："那女子为什么要跑？"娟回答道："我是津吏的女儿，我的父亲听说主君想要渡过这深不可测之水，担心有风波，惊动水神，所以就向九江三淮的神灵祷告，供奉礼品，求得福佑，喝了巫祝的剩酒，以致醉成这样。主君想要杀了我父亲的话，我愿意用我的身体来代替父亲去死。"简子说道："这不是你的过错。"娟说："主君因我父亲犯罪才杀他，我担心他的身体不知道痛，心里也不知道犯了什么罪。如果不让他知道有罪就杀死他，就等于是在杀无辜的人。希望您在他醒了之后再杀他，使他知道自己有罪。"简子说："好。"于是放过他不杀了。

赵简子要渡河时，船上少了一个摇桨的人，娟卷起袖子，拿起船桨请命道："我愿意帮大家一起划桨。"简子说道："临行前，我挑选了士大夫斋戒沐浴，是不能和妇女同舟过河的。"娟回答道："我听说从前商汤伐夏时，驾车的左边是雌黑马，右边是雌野麋，最后驱逐了夏桀。武王讨伐殷商时，左边是雌青黑马，右边是雌黄白马，最后战胜了商纣王，势力一直发展到华山的南边。主君您不过是想要过河而已，跟我同舟，又有什么妨害呢？”简子听了很高兴，就跟她一起过河。

船行驶到河中间，娟给简子唱起了《河激》歌，歌词是："登上船啊对着水流，水波荡漾啊昏暗不明。祈祷求福啊喝醉不醒，父亲有杀头之罪啊我心惊。处罚已免啊河流也清，我拿来船桨啊与绳索。蛟龙协助啊君主将大胜而归，招呼行舟啊不要迟疑。"简子非常高兴，说道："以前我做梦梦见娶了妻子，难道就是这个女子？"他准备派人祝祷祈福，立娟为夫人。娟拜了两拜，辞谢道："按照妇女的礼仪，没有媒人就不能出嫁。我父母都在家中，我不敢听从您的命令。"于是辞别简子离开了。

简子回来后，向她父母行了纳币聘礼，将娟娶作夫人。君子说："女娟通达人情，善于言辞。"《诗经》中说："到此游览来歌唱，唱的歌儿真好听。"说的就是这个意思。

颂说：赵简子要渡河，津吏却酒醉失职。赵简子将要将他诛杀。津吏的女儿娟很惶恐。她拿着船桨向赵简子进说，父亲得以存活不丧命。女娟的贤德终难掩蔽，最终被广为传扬。

赵佛肸母

赵佛肸母者，赵之中牟宰佛肸之母也。佛肸以中牟叛。赵之法，以城叛者，身死家收。佛肸之母将论[①]，自言曰:“我不当死。”士长问其故，母曰:“为我通于主君，乃言不通，则老妇死而已。”士长为之言于襄子，襄子出问其故。母曰:“不得见主君则不言。”于是襄子见而问之曰:“不当死，何也？”母曰:“妾之当死,亦何也？”襄子曰:“而子反[②]。”母曰:“子反，母何为当死？”襄子曰:“母不能教子，故使至于反，母何为不当死也？”母曰:“吁！以主君杀妾为有说也[③]，乃以母无教邪！妾之职尽久矣，此乃在于主君。妾闻子少而慢者,母之罪也。长而不能使者,父之罪也。今妾之子少而不慢,长又能使,妾何负哉？妾闻之，子少则为子，长则为友，夫死从子。妾能为君长子，君自择以为臣，妾之子与在论中，此君之臣，非妾之子。君有暴臣，妾无暴子，是以言妾无罪也。”襄子曰:“善，夫佛肸之反，寡人之罪也。”遂释之。君子曰:“佛肸之母，一言而发襄子之意[④]，使行不迁怒之德，以免其身。”《诗》云:“既见君子，我心写兮。”此之谓也。

颂曰:佛肸既叛,其母任理。将就于论,自言襄子。陈列母职，子长在君。襄子说之，遂释不论。

注释

①论：定罪。

②而：你，你的。

③有说：有说法，有理由。

④发：启发。

译文

赵佛肸母，是赵国中牟宰佛肸的母亲。佛肸占据中牟发动叛变。按照赵国的法律，据城叛变的人，要被灭族抄家。佛肸的母亲临定罪时，自言自语道："我不应该死。"士长问她为什么，佛肸母说："请为我向主君禀报，见了他我就说，如果不行的话，那老妇我也就死了算了。"士长将她的话转告了襄子，襄子派人问她缘故。佛肸母说："没有见到主君我是不会说的。"

于是襄子召见她问道："你为什么说自己不该死？"佛肸母反问道："那我为什么应该死呢？"襄子答道："因为你的儿子造反。"佛肸母说道："儿子反叛，为什么母亲要死？"襄子说道："母亲没有教育好儿子，才使得他造反，母亲为何不该死呢？"母亲说道："唉！我以为主君杀我会有道理，原来只是因为母亲没有教育好子女。我的职责早已尽了，这事过错在主君。我听说孩子小时候怠慢是母亲的罪过。长大了不能做事，那是父亲的罪过。如今我的儿子小时候不怠惰，长大了也能供驱使，我还有什么责任呢？我听说，孩子小时候是孩子，长大了跟他就是朋友，丈夫死了之后就要听从儿子。我为君主养育了儿子，君主自己选择他做臣子，我的儿子犯了罪，这是主君的臣子，而不是我的儿子。主君有谋反的臣子，我没有谋反的儿子，因此我说我没有罪。”襄子说：“好。佛肸造反，是我的罪过。”于是就放了她。

君子说：“佛肸的母亲，一句话启发了襄子，使他不迁怒于人，她自己也得以免罪。”《诗经》中说：“已经见到了君子，我的心中十分喜悦。”说的就是这个意思。

颂说：佛肸发动叛乱，母亲言行有理。将被判罪，她向襄子进言。她陈述母亲的职责，指明儿子长大后是主君的臣子。襄子对此很高兴，释放了她不再判罪。

齐威虞姬

虞姬者，名娟之，齐威王之姬也。威王即位，九年不治，委政大臣[1]。佞臣周破胡专权擅势[2]，嫉贤妒能，即墨大夫贤而日毁之[3]，阿大夫不肖[4]，反日誉之。虞姬谓王曰："破胡，谗谀之臣也[5]，不可不退。齐有北郭先生者，贤明有道[6]，可置左右。"破胡闻之，乃恶虞姬曰[7]："其幼弱在于闾巷之时[8]，尝与北郭先生通。"王疑之，乃闭虞姬于九层之台，而使有司即穷验问[9]，破胡赂执事者，使竟其罪[10]，执事者诬其辞而上之。王视其辞，不合于意，乃召虞姬而自问焉，虞姬对曰："妾娟之幸得蒙先人之遗体[11]，生于天壤之间，去蓬庐之下[12]，侍明王之宴，泥附王著[13]，荐床蔽席[14]，供执扫除，掌奉汤沐[15]，至今十余年矣。惓惓之心[16]，冀幸补一言，而为邪臣所挤，湮于百重之下[17]，不意大王乃复见而与之语。妾闻玉石坠泥不为污，柳下覆寒女不为乱。积之于素雅[18]，故不见疑也。经瓜田不蹑履[19]，过李园不正冠，妾不避，此罪一也。既陷难中，有司受赂，听用邪人，卒见覆冒[20]，不能自明。妾闻：'寡妇哭城，城为之崩。亡士叹市，市为之罢。'诚信发内，感动城市。妾之冤明于白日，虽独号于九层之内[21]，而众人莫为毫厘，此妾之罪二也。既有污名，而加此二罪，义固不可以生。所以生者，为莫白妾之污名也。且自古有之，伯奇放野，申生被患[22]。孝顺至明，反以为残。妾既当死，不复重陈，然愿戒大王，群臣为邪，破胡最甚。王不执政，国殆危矣。”于是王大寤，出虞姬，显之于朝市，封即墨大夫以万户，烹阿大夫与周破胡。遂起兵收故侵地，齐国震惧。人知烹阿大夫，不敢饰非[23]，务尽其职，齐国大治。君子谓虞姬好善。《诗》云：“既见君子，我心则降。”此之谓也。

颂曰：齐威惰政，不治九年。虞姬讥刺，反害其身。姬列其事，上指皇天。威王觉寤，卒距强秦。

注释

①委：任，派。

②佞臣：奸邪谄上之臣。擅势：独揽大权。

③毁：诽谤。

④不肖：不成材，品行不好。

⑤谗谀：谗毁，阿谀。

⑥有道：有德有才，通达事理。

⑦恶：中伤，诽谤。

⑧幼弱：幼小。闾lǘ巷：里巷，泛指乡里民间。

⑨穷：推究到极点。

⑩竟：借为“定”，确定。

⑪先人之遗体：古人将自己的身体称为父母的遗体，即“身体发肤，受之父母”之意。

⑫蓬庐：茅草屋。

⑬泥：同“昵”，亲近。

⑭荐床蔽席：铺床盖席。荐，铺垫。

⑮汤沐：沐浴。

⑯惓 quán 惓：恳切貌。

⑰湮 yān：淹没，埋没。

⑱素雅：故常，平常。

⑲蹑履：穿鞋。

⑳覆冒：诬陷。

㉑号：大声哭。

㉒被：遭受。

㉓饰非：掩盖错误。

译文

虞姬，名娟之，是齐威王的姬妾。威王执政后，九年不理国政，将政事交给大臣去处理。佞臣周破胡独揽大权，嫉妒贤能。即墨大夫是个贤才，周破胡每天都要诽谤他，阿大夫不成材，他却天天都要夸赞他。

虞姬对威王说道：“破胡这个人，是一个喜欢谗毁阿谀的臣子，不可不将他贬退。齐国有个北郭先生，贤明有道，可以让他随侍在大王左右。”破胡听说这件事后，就中伤虞姬说：“虞姬小时候住在里巷时，曾经和北郭先生私通。”威王起了疑心，就将虞姬关在九层高的楼台上，派官吏竭力追究审问。破胡贿赂审讯官，定下虞姬的罪状，将审讯官吏捏造的虞姬的供词，禀告给威王。

威王看到供词后，心中不满，就召来虞姬亲自问她。虞姬回答道:“我有幸为父母所生，活在世上，离开茅草民房，到宫中闲居之所侍奉圣明君主，伴随大王所处之所，铺床盖席，打扫清洁，掌管奉汤沐浴等，到现在已经十多年了。我以诚挚恳切之心希望谏言，却被奸臣排挤，被深深地埋没，没有想到大王又能和我见面跟我交谈。我听说玉石掉入泥中，不会有人认为它被玷污；柳下惠给受冷的女子披盖，不会有人认为他淫乱。因为平素形成了这样的印象，所以他们不被人怀疑。经过瓜田时不应弯腰穿鞋，经过李园时不要整理帽子，我没有避嫌，这是第一项罪。我陷于困境之后，官吏接受贿赂，听奸人指使，我最终被诬陷，不能为自己辩明。我听说:‘寡妇在城墙下哭泣，城墙也为之坍塌。亡士在市场哀叹，市场上的人也不做买卖了。’如果诚实忠信，发自内心，连城墙和市场都会被感动。我的冤屈比白日还要明，然而即使我一个人在九层高台中大声哭喊，众人也没有帮我毫厘，这是我的第二项罪。我有了污名，再加上这两项罪，按义的标准我是不可以活着的，我之所以还忍辱偷生，是因为还没有洗清我的污名。而且自古就有这样的例子，伯奇被放逐野外，申生遭受祸患。他们明明都是至孝之人，反而被认为是残暴之人。我既然应该死，就不再陈述了，只想提醒大王，群臣奸邪，其中周破胡是最为险恶之人！大王要是不理朝政，国家恐怕就危险了！”于是齐威王醒悟过来，放出虞姬，让她进出于朝堂集市，封赏即墨大夫万户食邑，烹杀阿大夫与周破胡，接着起兵收复被诸侯侵占的土地，齐国上下都非常震惊。人们见阿县大夫被烹杀，都不敢掩饰错误，各尽其职，齐国取得大治。

君子称赞虞姬喜好为善。《诗经》中说："已经见到了君子，我的心才安定。”说的就是这个意思。

颂说：齐威王懈怠政事，九年没有治理国家。虞姬指责奸臣，自己反而遭到迫害。虞姬陈述往事，上指皇天以表明清白。威王醒悟，最终抵御了强秦。

齐钟离春

钟离春者，齐无盐邑之女，宣王之正后也。其为人极丑无双，臼头，深目，长指，大节，卬鼻，结喉，肥项，少发，折腰，出胸，皮肤若漆。行年四十[①]，无所容入，衒嫁不售，流弃莫执。于是乃拂拭短褐，自诣宣王，谓谒者曰[②]："妾，齐之不售女也。闻君王之圣德，愿备后宫之扫除，顿首司马门外，唯王幸许之。"谒者以闻，宣王方置酒于渐台[③]，左右闻之，莫不掩口大笑曰："此天下强颜女子也，岂不异哉！"于是宣王乃召见之，谓曰："昔者先王为寡人娶妃匹，皆已备有列位矣。今夫人不容于乡里布衣，而欲干万乘之主，亦有何奇能哉？"钟离春对曰："无有。特窃慕大王之美义耳。"王曰："虽然，何喜？"良久，曰："窃尝喜隐。"宣王曰："隐，固寡人之所愿也，试一行之。"言未卒，忽然不见。宣王大惊，立发《隐书》而读之，退而推之，又未能得。明日，又更召而问之，不以隐对，但扬目衔齿，举手拊膝，曰："殆哉！殆哉！"如此者四。宣王曰："愿遂闻命。"钟离春对曰："今大王之君国也，西有衡秦之患，南有强楚之雠，外有二国之难，内聚奸臣，众人不附。春秋四十，壮男不立，不务众子而务众妇。尊所好，忽所恃。一旦山陵崩弛，社稷不定，此一殆也。渐台五重，黄金白玉，琅玕笼疏，翡翠珠玑，幕络连饰，万民罢极，此二殆也。贤者匿于山林，谄谀强于左右，邪伪立于本朝，谏者不得通入，此三殆也。饮酒沉湎，以夜继昼，女乐俳优，纵横大笑。外不修诸侯之礼，内不秉国家之治，此四殆也。故曰'殆哉殆哉'。"于是宣王喟然而叹曰："痛乎无盐君之言！乃今一闻。"于是拆渐台，罢女乐，退谄谀，去雕琢，选兵马，实府库，四辟公门，招进直言，延及侧陋④。卜择吉日，立太子，进慈母，拜无盐君为后。而齐国大安者，丑女之力也。君子谓钟离春正而有辞。《诗》云："既见君子，我心则喜。"此之谓也。

颂曰：无盐之女，干说齐宣。分别四殆，称国乱烦。宣王从之，四辟公门。遂立太子，拜无盐君。

注释

①行年：经历过的年岁。

②谒者：传达消息的官。

③置酒：设酒宴。

④侧陋：地位卑微的贤士。

译文

钟离春，是齐国无盐邑的一个女子，是齐宣王的正后。她长得奇丑无比，头顶中凹像臼，眼睛深陷，手指粗长，骨节很粗，鼻子上翻露孔，喉咙有结，脖子肥壮，头发稀少，驼背鸡胸，皮肤漆黑。她已经四十岁了，还没有人来提亲。她却自我夸耀，以致一直没有嫁出去，流落弃置无人过问。

一天，她整理一下粗布短衣，自己到宣王那里去，她对谒者说："我是齐国一个嫁不出去的女子，听说君王圣明有德，很愿意为君王打扫后宫，我在司马门外磕头，希望君王恩准。"谒者将这番话上报给宣王，当时宣王正在渐台上大设酒宴，他身旁的人听后，没有不掩住嘴巴大笑的，他们说："这是天下少有的厚脸皮的女人啊，难道不奇怪吗？"于是宣王召见钟离春，对她说道："以前先王为我娶妻，嫔妃都已经齐备了。如今你不被乡里人容纳，而要来冒犯万乘之主，难道你有什么特殊的才能吗？"钟离春回答道："没有，只不过私下里仰慕大王的美名。"宣王问道："就算这样，你有什么喜好吗？"过了好一会儿，钟离春才说道："我过去喜好隐语。"宣王说："我想听一听隐语，你试试看。"钟离春话还没说几句，就很难懂了，宣王大惊，马上翻开《隐书》来读，回去又推想，还是不知道怎么回事。

第二天，宣王又将钟离春召来询问，她不回答关于隐语的问题，只是抬起眼睛，咬着牙齿，举着手拍着膝盖说："危险啊！危险啊！"这样重复了四遍。宣王说道："我希望听听你的高见。"钟离春回答道："如今大王统治国家，西面有专横的秦国之患，南边有强大的楚国为仇，国外有这两个国家为难，国内聚集众多奸臣，众人都不亲附大王。大王已经四十岁了，还没有立太子，没把精力放在儿子身上而是在众多妇人身上。推崇自己喜好的东西，而忽略自己应当依靠的人。一旦君王去世，国家就会动荡不安，这是第一个危险。大王修筑了五层高的渐台，黄金白玉光彩夺目，用琅玕装饰窗户，用翡翠珠宝幕络系连装饰，百姓却疲惫至极，这是第二个危险。贤能的人退隐在山林中，谄谀的人却侍奉在大王左右，奸邪伪诈的人占据着朝堂，劝谏的人却进不来，这是第三个危险。大王沉湎于美酒，夜以继日，观赏女乐俳优的歌舞杂艺，放肆欢笑。在国外与各诸侯没有相互往来，在国内不治理国政，这是第四个危险。所以我说‘危险啊危险’。”

宣王听完后长叹道：“无盐君说得痛快啊！我今天才知道！”于是他下令拆掉了渐台，罢免女乐，斥退谄媚的人，去掉雕琢的装饰，精选兵马，充实府库，打开四面的城门，招纳人们谏言，迎请地位卑贱的贤士，选择良辰吉日，立下太子，进奉慈母，拜无盐君为王后。之后齐国十分安定，这是丑女钟离春的功劳。

君子称赞钟离春心正又善于言辞。《诗经》中说：“已经见到了君子，我的心才喜悦。”说的就是这个意思。

颂说：齐国无盐邑的女子，贸然进言齐宣王。分别陈述国家的四种危险，称国家将有危难。宣王听从了她的话，敞开城门纳谏。于是册立太子，拜无盐君为王后。

齐宿瘤女

宿瘤女者[①]，齐东郭采桑之女[②]，闵王之后也。项有大瘤，故号曰宿瘤。初，闵王出游，至东郭，百姓尽观，宿瘤采桑如故。王怪之，召问曰："寡人出游，车骑甚众，百姓无少长，皆弃事来观，汝采桑道旁，曾不一视，何也？"对曰："妾受父母教采桑，不受教观大王。"王曰："此奇女也，惜哉宿瘤！"女曰："婢妾之职，属之不贰[③]，予之不忘，中心谓何，宿瘤何伤？"王大悦之，曰："此贤女也。"命后乘载之。女曰："赖大王之力，父母在内，使妾不受父母之教。而随大王，是奔女也，大王又安用之？"王大惭，曰："寡人失之。"又曰："贞女一礼不备，虽死不从。"于是王遣归，使使者加金百镒，往聘迎之。父母惊惶，欲洗沐，加衣裳。女曰："如是见王，则变容更服，不见识也[④]。"请死不往。于是如故，随使者。闵王归见诸夫人，告曰："今日出游，得一圣女，今至，斥汝属矣。"诸夫人皆怪之，盛服而卫，迟其至也[⑤]，宿瘤骇宫中，诸夫人皆掩口而笑，左右失貌[⑥]，不能自止。王大惭曰："且无笑，不饰耳。夫饰与不饰，固相去十百也[⑦]。"女曰："夫饰与不饰，相去千万，尚不足言，何独十百也？"王曰："何以言之？"对曰："性相近，习相远也。昔者尧、舜、桀、纣，俱天子也。尧、舜自饰以仁义，虽为天子，安于节俭，茅茨不剪，采椽不斫，后宫衣不重采[8]，食不重味。至今数千岁，天下归善焉。桀、纣不自饰以仁义，习为苛文[9]，造为高台深池，后宫蹈绮縠[10]，弄珠玉，意非有餍时也[11]。身死国亡，为天下笑，至今千余岁，天下归恶焉。由是观之，饰与不饰，相去千万，尚不足言，何独十百也。”于是诸夫人皆大惭，闵王大感，立瘤女以为后。出令卑宫室，填池泽，损膳减乐，后宫不得重采。期月之间[12]，化行邻国，诸侯朝之，侵三晋，惧秦楚，立帝号。闵王至于此也，宿瘤女有力焉。及女死之后，燕遂屠齐，闵王逃亡而弑死于外。君子谓宿瘤女通而有礼。《诗》云：“菁菁者莪[13]，在彼中阿。既见君子，乐且有仪。”此之谓也。

颂曰：齐女宿瘤，东郭采桑。闵王出游，不为变常。王召与语，谏辞甚明。卒升后位，名声光荣。

注释

①宿瘤：一直长着的瘤子。

②东郭：东城外，东郊。

③属：通“嘱”，嘱咐，托付。

④见识：被人认出来。

⑤迟：等待。

⑥失貌：失去常态，犹失态。

⑦固：本来。

⑧重采：指多种颜色的华美衣服。

⑨苛文：苛刻的法令。

⑩绮縠qǐ hú：绫绸绉纱之类的丝织品的总称。

⑪餍yàn：满足。

⑫期月：一整年。

⑬菁菁：茂盛的样子。莪é：草名，又名萝、萝蒿、莪蒿。

译文

宿瘤女，是齐国东城城外的采桑女子，是齐闵王的王后。她的脖子上有一个大瘤，所以称她为宿瘤。

当初，闵王外出游玩，到了东城，老百姓都来看他，只有宿瘤女仍然像以前那样采桑。闵王觉得奇怪，就召她来问道："我出游，车马骑乘很多，老百姓无论老幼都放下手中的活儿来观看，而你在路边采桑，未曾看过我一眼，这是为什么呢？"宿瘤女回答道："我受父母之命采桑，他们却没教我看大王。"大王说道："这是个奇女子，只可惜长了个瘤。"宿瘤女说道："我的工作，就是交给我做的事情就专心去完成。我从不忘记，心中还有何事，长了宿瘤又怎么会伤心？"闵王十分喜欢她，就说："这是个贤惠的女子。"命令后面的车子把她载入宫中。宿瘤女说："托大王的福，我父母还在家，假使我不接受父母的教诲而跟大王走，这就成了私奔的女子，大王又怎么能任用我呢？"闵王感到惭愧，说："是我错了。”宿瘤女说：“对于贞女来说，如果有一道礼节不完备，也会誓死不从。”

于是大王让她回去，派人送去百镒黄金，前去迎聘她。宿瘤女的父母非常惊慌，想要让女儿洗澡换衣。女儿说道：“要是这样去见闵王，变了容貌换了衣服，闵王就不认识我了。”她死也不从，还是像以前那样穿着打扮，跟着使者走了。

闵王回宫见了各位夫人，告诉她们说道：“今天我出去游玩，遇见了一个贤能的女子，她今天就会到来，到时候就斥退你们这些人。”众夫人都觉得奇怪，盛装出迎。等到女子到来，大家看到她脖子上的瘤子都大吃一惊，随后都捂着嘴巴笑，大王左右的人也都失去常态，不能自制。大王十分羞惭道：“大家且不要笑，她只是没有修饰罢了！修饰跟没修饰，本来就相差十倍百倍。”宿瘤女说：“修饰与不修饰，相差千万倍还算不上什么，岂止是十倍百倍呢？”

闵王问道：“为什么这么说呢？”宿瘤女回答说：“人的本性本来是相似的，后来因受到不同的习染，而产生差距。过去尧、舜、桀、纣，都是天子。尧、舜施行仁义，虽然是天子，但安于节俭，不修剪茅草屋顶，不砍削栎树做椽子，后宫人们不穿华丽的衣服，不吃美味的食物。从那时到现在已经几千年了，天下的百姓都敬仰他们。桀、纣不施行仁义，制定苛刻法律，建造高台深池，后宫的人穿着绫罗绸缎，佩戴珠宝美玉，心中却始终没有满足的时候。他们身死国亡，为天下人耻笑，到现在也有一千多年了，天下的百姓仍然指责他们的罪行。由此可见，修饰与不修饰，相差千万倍还算不上什么，更何况是十倍百倍呢？”这一番话说完后，诸位夫人都感到十分惭愧，闵王也大为感动，就立宿瘤女为王后。之后闵王下令建造低矮的宫室，填埋池泽，减少饭菜和音乐，后宫里的人不能穿华美的衣服。一年不到，齐国就威震邻国，诸侯都来朝见。闵王出兵攻伐三晋，震慑秦、楚，自立帝号。闵王能有如此成就，宿瘤女是有很大功劳的。等到宿瘤女死后，燕国扫荡齐国，闵王逃亡到外地被杀。

君子称赞宿瘤女通达有礼。《诗经》中说：“莪蒿茂盛丛丛生，在那山陵中。已经见到了君子，和乐而且有礼仪。”说的就是这个意思。

颂说：齐国的宿瘤女，在东郭采摘桑叶。闵王外出游玩，她也不改变常态。闵王召她来谈话，她的谏言很明理。终于被立为王后，名声显达光荣。

齐孤逐女

孤逐女者，齐即墨之女，齐相之妻也。初，逐女孤无父母，状甚丑，三逐于乡，五逐于里，过时无所容。齐相妇死，逐女造襄王之门，而见谒者曰[①]："妾三逐于乡，五逐于里，孤无父母，摈弃于野[②]，无所容止[③]，愿当君王之盛颜，尽其愚辞。"左右复于王，王辍食吐哺而起[④]。左右曰："三逐于乡者，不忠也；五逐于里者，少礼也。不忠少礼之人，王何为遽[⑤]？"王曰："子不识也。夫牛鸣而马不应，非不闻牛声也，异类故也。此人必有与人异者矣。"遂见，与之语三日。始一日，曰："大王知国之柱乎？"王曰："不知也。"逐女曰："柱，相国是也。夫柱不正则栋不安，栋不安则榱橑堕[⑥]，则屋几覆矣。王则栋矣，庶民榱橑也，国家屋也。夫屋坚与不坚，在乎柱；国家安与不安，在乎相。今大王既有明知，而国相不可不审也[⑦]。"王曰："诺。"其二日，王曰："吾国相奚若？"对曰："王之国相，比目之鱼也，外比内比，然后能成其事，就其功。"王曰："何谓也？"逐女对曰："朋其左右，贤其妻子，是外比内比也。"其三日，王曰："吾相其可为乎？"逐女对曰："中才也，求之未可得也。如有过之者，何为不可也？今则未有。妾闻明王之用人也，推一而用之[⑧]。故楚用虞丘子而得孙叔敖，燕用郭隗而得乐毅。大王诚能厉之，则此可用矣。”王曰：“吾用之奈何？”逐女对曰：“昔者齐桓公尊九九之人⑨，而有道之士归之；越王敬螳螂之怒，而勇士死之；叶公好龙，而龙为暴下⑩。物之所征，固不须顷。”王曰：“善。”遂尊相，敬而事之，以逐女妻之，齐国以治。《诗》云：“既见君子，并坐鼓瑟。”此之谓也。

颂曰：齐逐孤女，造襄王门。女虽五逐，王犹见焉。谈国之政，亦甚有文。与语三日，遂配相君。

注释

①谒者：官名，掌宾赞受事，即为天子传达。

②摈弃：排斥，抛弃。

③容止：允许栖止，收留。

④哺：口中含嚼的食物。

⑤遽jù：急忙，匆忙。

⑥榱橑cuī lǎo：屋椽，亦用以喻民众。堕：掉下来，坠落。

⑦审：慎重。

⑧推：推崇。

⑨九九：算术乘法名。以一至九每二数顺序相乘。上古时系由九九自上而下，而至一一，故称“九九乘法”。

⑩暴：突然，猝然。

译文

孤逐女，是齐国即墨的女子，齐国国相的妻子。当初，逐女是没有父母的孤儿，模样十分丑陋，三次被乡民驱逐，五次被里人赶出来，过了适嫁年龄还没有人娶她。

一次，听说齐国国相的夫人死了，逐女来到襄王的门前，对谒者说道："我三次被乡民驱逐，五次被里人撵走，父母双亡孤苦无依，被扔弃到荒野上，无处容身，我希望当着君王的面，把我要说的话说出来。"左右的人将这话告诉了襄王，襄王放下饭碗，吐出嘴里的食物站起来。左右说道："三次被乡民驱逐，是不忠；五次被里人撵走，是少礼。对于一个不忠少礼的人，大王为何这么急于召见呢？"襄王说道："你们不知道，牛叫而马不能回应，并不是马听不到牛的声音，而是它们不同类的缘故。这个人一定有跟别人不同的地方。"于是就接见她，跟她谈了三天。

第一天，孤逐女问道："大王知道国家的柱子是什么吗？"襄王答道："不知道。"孤逐女说道："柱子就是国相啊。柱子不正，房梁就会不稳固，房梁不稳，椽子就会掉落，那么房屋就可能会倒塌。君王就是栋梁，百姓就是椽子，国家就是房屋。房屋坚固不坚固，关键在于柱子；国家安定不安定，关键在于国相。如今大王虽然很贤明，但对国相的任用不可不慎重。"襄王说："好。"

第二天，襄王说道："我的国相怎么样呢？"孤逐女回答说:“大王的国相像是比目鱼，在外并行，在内并行，然后才能成就功业。”襄王问道:“怎么说呢?”孤逐女回答道:“视左右的人为朋友，视妻子儿女为贤德之人，就是在外并行，在内并行。”

第三天，襄王问道:“我的国相能有作为吗?”逐女回答道:“他是个中等才能的人，但也很难得。假如有超过他的人,为何不能换呢?只是如今没有这样的人。我听说贤明的君王在任用人才时，先重用一个。所以楚国任用了虞丘子便得到了孙叔敖，燕国任用郭隗便得到了乐毅。大王要能勉励他，那他也是能重用的。”襄王说道:“我怎么重用他呢?”逐女答道:“过去齐桓公重视一个懂九九乘法的人，有道之士都归顺于他;越王敬重一只发怒的螳螂，勇士就为他效死;叶公喜好龙，龙就迅速降临地面。万物本来就不需要多长时间就能见到成效。”襄王说:“好。”于是就尊崇国相，恭敬地待他，并将逐女嫁给他为妻。齐国取得大治。《诗经》中说:“已经见到了君子，坐在一起鼓琴瑟。”说的就是这个意思。

颂说:齐国的孤逐女，登门造访襄王。她虽然被驱逐五次，襄王还是召见了她。谈论国家政事，非常有才能。襄王跟她谈论了三天，将她配给国相为妻。

楚处庄侄

楚处庄侄者，楚顷襄王之夫人，县邑之女也。初，顷襄王好台榭[①]，出入不时，行年四十，不立太子，谏者蔽塞，屈原放逐，国既殆矣。秦欲袭其国，乃使张仪间之[②]，使其左右谓王曰："南游于唐，五百里有乐焉。"王将往。是时，庄侄年十二，谓其母曰："王好淫乐，出入不时。春秋既盛[③]，不立太子。今秦又使人重赂左右，以惑我王，使游五百里之外，以观其势。王已出，奸臣必倚敌国而发谋，王必不得反国。侄愿往谏之。"其母曰："汝婴儿也[④]，安知谏？"不遣，侄乃逃。以缇竿为帜[⑤]，侄持帜伏南郊道旁。王车至，侄举其帜，王见之而止，使人往问之，使者报曰："有一女童伏于帜下，愿有谒于王[⑥]。"王曰："召之。"侄至，王曰："女何为者也？"侄对曰："妾，县邑之女也，欲言隐事于王，恐壅阏蔽塞而不得见[⑦]。闻大王出游五百里，因以帜见。"王曰："子何以戒寡人？"侄对曰："大鱼失水，有龙无尾。墙欲内崩，而王不视。"王曰："不知也。"侄对曰："'大鱼失水'者，王离国五百里也，乐之于前，不思祸之起于后也。'有龙无尾'者，年既四十，无太子也。国无强辅，必且殆也。'墙欲内崩，而王不视'者，祸乱且成而王不改也。"王曰："何谓也？"侄曰："王好台榭，不恤众庶，出入不时，耳目不聪明。春秋四十，不立太子，国无强辅，外内崩坏⑧。强秦使人内间王左右，使王不改，日以滋甚，今祸且构。王游于五百里之外，王必遂往，国非王之国也。”王曰:“何也？”侄曰:“王之致此三难也，以五患。”王曰:“何谓五患？”侄曰:“宫室相望，城郭阔达，一患也。宫垣衣绣，民人无褐⑨，二患也。奢侈无度，国且虚竭，三患也。百姓饥饿，马有余秣⑩，四患也。邪臣在侧，贤者不达⑪，五患也。王有五患，故及三难。”王曰:“善。”命后车载之，立还反国。门已闭，反者已定。王乃发鄢郢之师以击之，仅能胜之。乃立侄为夫人，位在郑子袖之右⑫，为王陈节俭爱民之事，楚国复强。君子谓庄侄虽违于礼而终守以正。《诗》云:“北风其喈⑬，雨雪霏霏。惠而好我，携手同归。”此之谓也。

颂曰:楚处庄侄,虽为女童。以帜见王,陈国祸凶。设王三难，五患累重。王载以归，终卒有功。

注释

①台榭：台和榭。亦泛指楼台等建筑物。

②间：挑拨使人不和。

③春秋既盛：已经到了盛年。

④婴儿：小孩。

⑤缇 tí：红黄色或浅黄色的帛。

⑥谒：拜见。

⑦壅阏 è：壅遏。蔽塞：堵塞。

⑧崩坏：毁坏，崩溃。

⑨褐：粗布或粗布衣服。

⑩秣 mò：牲口的饲料。

⑪不达：不得志，不显贵。

⑫右：古代崇右，故以右为上，为贵，为高。

⑬喈 jiē：寒冷。

译文

楚处庄侄，是楚国顷襄王的夫人，是县邑的女子。起初，顷襄王喜欢游玩于亭台楼榭，不按时出入宫室，到了四十岁，还未立太子，劝谏的人被挡在外面，屈原被放逐，马上就有亡国之祸。秦国想要偷袭楚国，就派张仪离间他们，让左右臣子对顷襄王说道：“往南到高唐观游玩，这五百里路上有可以享乐的事。”顷襄王听后打算去。

当时庄侄十二岁，对她的母亲说道：“我们的大王喜欢享乐，出入宫殿都没有一定时间。他年纪已经大了，还没有立下太子。现在秦国又派人重金贿赂顷襄王的近臣来蛊惑他，让他到五百里之外游玩，好观察情势趁机下手。大王出去后，奸臣一定会倚靠敌国发动谋逆之事，大王一定不能回国了。我想去劝谏他。”她的母亲说道：“你还只是个小孩子，怎么知道劝谏？”母亲不让她去，庄侄就逃了出去。她拿一块红黄色的帛系在竹竿上做旗子，拿着旗子趴在城南郊的道路边。

顷襄王的车队到了路上，庄侄就举着旗子，顷襄王见后停下，派人去问她，使者回来报告说："有一个女孩趴在旗帜下，希望能拜见大王。"大王说道："召她过来。"

庄侄来到顷襄王面前，顷襄王问她："你想做什么？"庄侄回答道："我是县邑的女子，想和大王说说隐语的事，担心言路被阻塞，不能让大王听到我的话。我听说大王要到五百里之外的地方出游，因此在这里举着旗帜求见。"顷襄王说道："你有什么话想要劝谏我？"庄侄答道："大鱼离开水，有龙却无尾。墙将从内部崩塌，而大王却未察觉。"顷襄王说道："我没明白你的意思。"庄侄回答道："'大鱼离开水'，是说大王离开国都五百里，享乐在眼前，不考虑到随后会发生的祸患。'有龙却无尾'是说大王已经年过四十，还没有立下太子。国家没有强大的辅佐，必然要灭亡。'墙将从内部崩塌，而大王却未察觉'的意思是祸乱即将到来，而大王不知改过啊！"顷襄王问："这话是什么意思？"庄侄答道："大王喜好亭台楼榭，不体恤百姓，出入宫室不按时，耳不聪，目不明。年纪过了四十还没有立下太子，国家没有强大的辅佐，朝廷内外都崩塌败坏。强大的秦国派人离间大王的左右近臣，使大王不知道悔改，一天比一天严重，现在灾祸将要形成了。大王要去五百里之外出游，真要坚持去的话，那么这个国家就不再是大王您的国家了。”顷襄王说：“为什么呢？”庄侄说：“大王遇到这些灾难，是因为有五大隐患。”顷襄王问：“是哪五种隐患？”庄侄说道：“宫室一望无垠，城郭广阔通达，这是第一患。宫里人穿的是刺绣衣服，老百姓连粗布短衣也穿不上，这是第二患。奢侈无节制，国力渐趋虚弱枯竭，这是第三患。百姓饥饿，宫里的马却有富余的草料，这是第四患。奸邪的臣子在大王身侧，贤能的人却很不得志，这是第五患。大王有这五种隐患，所以才有三种灾难。”

楚顷襄王说道：“好！”命令后面的车载着庄侄，立刻返回国都。这时国都大门已经关闭，乱臣已经控制了国都。于是顷襄王调动鄢郢的军队攻城，勉强战胜。顷襄王立庄侄为夫人，地位在郑子袖之上，她劝谏大王节俭爱民，楚国又强大起来。

君子称赞庄侄虽然违背礼法，但最终以正义自守。《诗经》中说：“北风呼呼冰冰凉，雨雪满天白茫茫。你与我和善友好，携起手来一起归。”说的就是这个意思。

颂说：楚国的女孩庄侄，仅仅是个小女孩。她以旗帜拜见顷襄王，陈述国家的祸患。给顷襄王讲述三大灾难，是因五种隐患而起。楚顷襄王载她回去，终于立下功劳。

齐女徐吾

齐女徐吾者，齐东海上贫妇人也。与邻妇李吾之属会烛[①]，相从夜绩[②]。徐吾最贫，而烛数不属[③]。李吾谓其属曰："徐吾烛数不属，请无与夜也。"徐吾曰："是何言与？妾以贫，烛不属之故，起常先，息常后，洒扫陈席，以待来者。自与蔽薄[④]，坐常处下。凡为贫，烛不属故也。夫一室之中，益一人[⑤]，烛不为暗，损一人[⑥]，烛不为明，何爱东壁之余光[⑦]，不使贫妾得蒙见哀之恩？长为妾役之事，使诸君常有惠施于妾，不亦可乎！"李吾莫能应，遂复与夜，终无后言。君子曰："妇人以辞不见弃于邻，则辞安可以已乎哉？"《诗》云："辞之辑矣，民之协矣。"此之谓也。

颂曰：齐女徐吾，会绩独贫。夜托烛明，李吾绝焉。徐吾自列，辞语甚分。卒得容入，终没后言。

注释

①属：一类人，一伙人。烛：古代照明用的火炬。

②绩：把麻搓捻成线或绳。

③属 zhǔ：续接，连接。

④蔽薄：敝陋菲薄。蔽，通"敝"。

⑤益：增加。

⑥损：减少。

⑦东壁之余光：东邻墙壁上透过来的光。表示对他人有好处而对自己并无损害的照顾或好处。

译文

齐女徐吾，是齐国东海上一个贫穷妇人。她和邻居妇女李吾等人合用火烛，晚上一起纺麻织线。徐吾最穷，所以她的火烛续接不上。

李吾对别人说道："徐吾的火烛常常接不上，我们晚上不要跟她一起。"徐吾说道："这是说的什么话？因为我家中贫困，火烛续接不上的缘故，我经常起得早，睡得晚，洒水扫地铺席，等着大家过来。我自已用着破破烂烂的席子，坐在下位。我之所以这样，是因为我家穷买不起火烛的缘故。一间屋子里增加了一个人，烛火不会因为她而黯淡，减少一个人，烛火不会因为她而变得明亮，你们为何吝惜余光而不能让我受到恩惠和怜悯呢？我每天打扫房间，你们时常给予我恩惠，不也是可以的吗？"李吾等人无言以对，晚上又跟她坐在一起，以后再也没说什么。

君子说："妇人通过言辞不被邻居嫌弃，言辞怎能不被好好使用呢？"《诗经》中说："言辞温和，人们齐心协作。"说的就是这个意思。

颂说：齐国女子徐吾，与邻人一起纺绩，她最穷。晚上干活依靠烛光，李吾说的话很绝情。徐吾将话说清楚，言辞分明有理。她终于能够被容纳，再也没人说闲话。

齐太仓女

齐太仓女者，汉太仓令淳于公之少女也，名缇萦。淳于公无男，有女五人。孝文皇帝时，淳于公有罪当刑。是时，肉刑尚在，诏狱系长安①，当行会逮，公骂其女曰："生子不生男，缓急非有益②。"缇萦自悲泣，而随其父至长安，上书曰③："妾父为吏，齐中皆称廉平④，今坐法当刑⑤。妾伤夫死者不可复生，刑者不可复属，虽欲改过自新，其道无由也⑥。妾愿入身为官婢⑦，以赎父罪，使得自新。"书奏，天子怜悲其意，乃下诏曰："盖闻有虞之时，画衣冠，异章服⑧，以为戮⑨，而民不犯，何其至治也！今法有肉刑五，而奸不止，其咎安在⑩？非朕德薄而教之不明欤？吾甚自媿⑪。夫训道不纯⑫，而愚民陷焉⑬。《诗》云：'恺悌君子，民之父母。'今人有过，教未施，而刑已加焉。或欲改行为善，而其道无繇⑭。朕甚怜之。夫刑者至断支体，刻肌肤，终身不息⑮，何其痛而不德也！岂称为民父母之意哉？其除肉刑。"自是之后，凿颠者髡⑯，抽胁者笞⑰，刖足者钳⑱。淳于公遂得免焉。君子谓缇萦一言发圣主之意，可谓得事之宜矣。《诗》云："辞之怿矣，民之莫矣。"此之谓也。

颂曰：缇萦讼父，亦孔有识。推诚上书，文雅甚备。小女之言，乃感圣意。终除肉刑，以免父事。

注释

①诏狱：奉皇帝的命令囚禁犯人的监狱。

②缓急：危急之事。

③上书：向君主陈述书面意见。

④廉平：廉洁公正。

⑤坐法：违法犯罪。刑：对犯罪的处罚。

⑥无由：没有途径或办法。

⑦入身：没入己身。

⑧章服：用不同图案、花饰以区分官阶品级的衣服。

⑨戮：羞辱，耻辱。

⑩咎：过失，罪过。

⑪媿kuì：同“愧”，惭愧。

⑫训道dǎo：教诲开导。道，同“导”，引导。

⑬陷：陷于犯罪的境地。

⑭无繇yóu：同“无由”。

⑮息：生长，滋息。

⑯凿颠：一种用铁器凿人头顶的死刑。最早为商鞅所创。颠，指人的头顶。髡kūn：剃去男子的头发。

⑰抽胁：抽去其肋骨致死的一种酷刑。笞chī：用鞭杖或竹板打。

⑱刖yuè足：一种断足的刑罚。钳qián：古代刑罚。用铁圈束颈。

译文

齐太仓女，是汉朝太仓令淳于公的小女儿，名叫缇萦。淳于公没有儿子，只有五个女儿。汉文帝时，有一次淳于公犯了罪当判刑。当时肉刑还在，奉君王诏令前来的狱吏要押解他到长安去，在淳于公要走的时候，他大骂女儿道："可怜我生的孩子都不是儿子，发生了急难之事你们谁都帮不了我！"

缇萦悲伤哭泣，跟着她的父亲到了长安，上书给汉文帝说："我父亲做官的时候，齐地的人都称赞他廉洁公正，而今他犯法获罪，当以处罚。我悲伤的是，人死了不可以复生，受刑断掉的肢体不能重新接上，虽然想改过自新，也没有办法了。我愿做官府的奴婢，以赎父亲的罪，好让他改过自新。"文书呈上去，文帝同情她，于是下诏说："我听说在有虞氏的时候，在罪人的衣服上涂画，让他们穿跟别人不同的绘有特殊图案的衣服，以此来羞辱他们，人们见到后就不会犯罪，国家治理得多好！而今有五种肉刑，却没有制止犯罪，哪里出了问题呢？难道不是因为我德行浅薄、教诲不明吗？我感到非常惭愧。教诲不恰当就会使愚民犯罪。《诗经》说：'和乐平易好君子，为民父母顺民意。'现今有人犯了过错，我还没有施行教化，就已经施用了刑罚，他们想要改正行善也没有办法了，我很是同情他们。刑罚让人断了肢体，割划了肌肤，一辈子都不会再生长，这是多么痛苦不仁德的事！这怎会符合为民父母的心意呢？我决定废除肉刑。”

从此之后，凿颠的酷刑改为剃去头发，抽肋的刑罚改为杖打，断足的刑罚改为脖子上套链。淳于公得以免去肉刑。君子称赞缇萦的一席话打动了圣明君主，可以说是恰到好处。《诗经》中说：“言辞令人喜欢，百姓都很安定。”说的就是这个意思。

颂说：缇萦为父亲讼辩，很有见识。推诚向君主上书，言辞文雅完备。小女子的话，感动了圣意。文帝废除了肉刑，免除了她父亲的刑罚。

卷七 孽婴传

夏桀末喜

末喜者，夏桀之妃也。美于色，薄于德，乱孽无道[①]，女子行，丈夫心，佩剑带冠。桀既弃礼义，淫于妇人，求美女，积之于后宫，收倡优、侏儒、狎徒，能为奇伟戏者[②]，聚之于旁，造烂漫之乐，日夜与末喜及宫女饮酒，无有休时。置末喜于膝上，听用其言，昏乱失道[③]，骄奢自恣[④]。为酒池可以运舟，一鼓而牛饮者三千人[⑤]，𩨨其头而饮之于酒池[⑥]，醉而溺死者，末喜笑之，以为乐。龙逢进谏曰："君无道，必亡矣。"桀曰："日有亡乎？日亡而我亡。"不听，以为妖言而杀之。造琼室瑶台[⑦]，以临云雨[⑧]，殚财尽币[⑨]，意尚不厌[⑩]。召汤，囚之于夏台，已而释之[⑪]。诸侯大叛。于是汤受命而伐之[⑫]，战于鸣条，桀师不战，汤遂放桀[⑬]，与末喜、嬖妾同舟[⑭]，流于海，死于南巢之山。《诗》曰："懿厥哲妇，为枭为鸱。"此之谓也。

颂曰：末喜配桀，维乱骄扬。桀既无道，又重其荒。奸轨是用[⑮]，不恤法常。夏后之国，遂反为商。

注释

①乱孽niè：淫乱邪恶。

②倡优：古代称以音乐歌舞或杂技戏谑娱人的艺人。侏儒zhū rú：身材异常矮小的人。狎xiá徒：陪

主人嬉戏玩闹的人。奇伟戏：奇特怪异的表演。

③失道：违背道义，无道。

④骄奢：骄横奢侈。自恣：放纵自己，不受约束。

⑤牛饮：俯身如牛一样饮。

⑥羁jī：缠绕。

⑦琼室：用美玉装饰的房子。瑶台：美玉砌的楼台。

⑧临：及，到。

⑨殚：尽。

⑩厌：满足。

⑪已而：不久，后来。

⑫命：天命。

⑬放：流放，驱逐。

⑭嬖bì妾：宠妾。

⑮轨：通“宄”，作乱犯法。

译文

末喜是夏桀的妃子。她容貌美丽，德行浅薄，淫乱暴虐。她有着女子的举止和男人一样的野心，经常佩带宝剑，戴着冠帽。夏桀不行礼仪，淫乐妇人，广寻美女，充实后宫。他还收罗倡优、侏儒、狎徒等能做奇特表演的人，聚合在身边。命人创作靡靡之音，日夜跟末喜和宫女们饮酒作乐，毫无休止。夏桀将末喜放在膝盖上，对她百依百顺，昏聩无道。他骄纵奢侈，恣意妄为。造的大酒池可以在里面行船，鼓声敲响，就有三千个人像牛一样临池饮酒，用绳子拉着他们的头，让他们到酒池边饮酒，很多人都喝醉淹死在酒池里。末喜看了大笑，觉得很快乐。

龙逢进言说道：“君王失去正道，一定会亡国！”夏桀问道：“太阳灭亡了吗？太阳灭亡的话我就灭亡。”他不听龙逢的劝谏，反而认为他说的是妖言而将他杀了。

夏桀下令建造琼台楼阁，直耸入云，耗尽了资财，还不满足。夏桀召见汤，把他囚禁在夏台，过了不久又将他释放了。诸侯纷纷叛变。于是汤受天命讨伐夏桀，在鸣条与夏军作战，夏军不战而败，汤流放夏桀，让他跟末喜等宠妾坐在船上，飘荡入海中，最后他们死在了南巢山中。《诗经》中说：“可叹那足智多谋的妇人，如同枭、鸱这样的恶鸟。”说的就是这个意思。

颂说：末喜是夏桀的王妃，惑乱骄纵。夏桀已经很无道，从此之后更昏聩。只一味为奸作乱，不循法度准则。夏朝灭亡，商朝立国。

殷纣妲己

妲己者，殷纣之妃也。嬖幸于纣。纣材力过人，手格猛兽[①]。智足以距谏[②]，辩足以饰非。矜人臣以能[③]，高天下以声[④]，以为人皆出己之下。好酒淫乐，不离妲己，妲己之所誉贵之，妲己之所憎诛之。作新淫之声、北鄙之舞、靡靡之乐[⑤]，收珍物积之于后宫，谀臣群女咸获所欲，积糟为丘[⑥]，流酒为池，悬肉为林，使人裸形相逐其间，为长夜之饮，妲己好之。百姓怨望[⑦]，诸侯有畔者[⑧]，纣乃为炮烙之法，膏铜柱[⑨]，加之炭，令有罪者行其上，辄堕炭中，妲己乃笑。比干谏曰："不修先王之典法，而用妇言，祸至无日。"纣怒，以为妖言。妲己曰："吾闻圣人之心有七窍。"于是剖心而观之。囚箕子，微子去之。武王遂受命，兴师伐纣，战于牧野，纣师倒戈[⑩]，纣乃登廪台，衣宝玉衣而自杀。于是武王遂致天之罚，斩妲己头，悬于小白旗，以为亡纣者，是女也。《书》曰："牝鸡无晨[⑪]，牝鸡之晨，惟家之索。"《诗》云："君子信盗，乱是用暴。""匪其止共，维王之邛[⑫]。"此之谓也。

颂曰：妲己配纣，惑乱是修。纣既无道，又重相谬。指笑炮炙，谏士刳囚[⑬]。遂败牧野，反商为周。

注释

①格：格斗，击打。

②距：通“拒”，拒绝。

③矜jīn：自夸，夸耀。

④声：声名。

⑤靡mǐ靡：柔弱，颓靡。

⑥糟：酒糟，酿酒剩下的渣滓。

⑦怨望：怨恼，忿恨。

⑧畔：通“叛”，背叛。

⑨膏：油，这里作动词用，擦油。

⑩倒戈：军队投降，向自己人攻击。

⑪牝pìn鸡：母鸡。晨：司晨，即打鸣。

⑫邛qióng：弊病，忧患。

⑬刳kū：剖开，挖空。指比干被剖心。

译文

妲己是商纣王的妃子。她很受纣王的宠爱。纣王身材力气超出常人，他能徒手跟猛兽格斗。智慧足以拒绝臣子的劝谏，辩才足以掩饰自己的过错。纣王向大臣夸耀自己的才能，向天下显示自己的声名，以为所有人都不如他。商纣王沉迷于酒色中，离不开妲己，妲己赞赏的人他就尊崇，妲己憎恨的人他就杀掉。纣王又命人创作淫靡的音乐，俗鄙放荡的舞蹈，颓废委顿的音调，收罗珍宝，积蓄在后宫，阿谀奉承的臣子和妃妾想要什么就有什么，酒糟堆积如山，酒水溢满池子，悬挂的肉像树林一样，他让人赤身裸体在其中玩耍，整夜狂欢，妲己很喜欢。

百姓们非常怨恨，诸侯也有人反叛，商纣王就发明了一种炮烙的酷刑，在铜柱上涂满油，用炭火烧，让罪犯在上面行走，罪犯很快就会掉入到炭火中烧死，妲己见此大笑。比干劝谏道："不依循先王的典章法则，听信妇人的话，灾祸马上就要来了。"商纣王大怒，认为他说的是妖言。妲己说道："我听说圣人的心脏有七个孔。"于是就把比干的心脏剖出来看。箕子被囚禁，微子也逃离了国都。

周武王受天命起兵讨伐商纣王，双方在牧野大战，纣王的军队临阵倒戈，商纣王爬上廪台，穿着宝玉衣自杀了。武王传达上天对商纣王惩罚的意旨，斩下了妲己的头，挂在帛旗上，以示使纣王灭亡的是这个女人。《尚书》中说："母鸡早晨不打鸣，如果母鸡早晨打鸣，那么这一家就会衰败。"《诗经》中说："君子听信奸佞小人之言，就会出现暴乱。""小人不忠于职守，让君王受谗言之害。"说的就是这个意思。

颂说：妲己是纣王的王妃，惑乱纣王。纣王已经很无道，从此之后更荒谬。指点取笑遭受炮烙之刑的人，进献谏言的人被剖心。于是商军在牧野之战大败，殷商灭亡，周朝立国。

周幽褒姒

褒姒者，童妾之女[1]，周幽王之后也。初，夏之衰也，褒人之神化为二龙[2]，同于王庭而言曰："余，褒之二君也。"夏后卜杀之与去[3]，莫吉。卜请其漦藏之而吉[4]，乃布币焉[5]，龙忽不见，而藏漦椟中[6]，乃置之郊，至周，莫之敢发也[7]。及周厉王之末，发而观之，漦流于庭，不可除也。王使妇人裸而噪之，化为玄蚖[8]，入后宫，宫之童妾未毁而遭之[9]，既笄而孕[10]，当宣王之时产。无夫而乳[11]，惧而弃之。先是有童谣曰："檿弧箕服[12]，实亡周国。"宣王闻之。后有人夫妻卖檿弧箕服之器者，王使执而戮之[13]，夫妻夜逃，闻童妾遭弃而夜号，哀而取之，遂窜于褒[14]。长而美好，褒人姁有狱[15]，献之以赎，幽王受而嬖之，遂释褒姁，故号曰褒姒。既生子伯服，幽王乃废后申侯之女，而立褒姒为后，废太子宜咎，而立伯服为太子。幽王惑于褒姒，出入与之同乘，不恤国事，驱驰弋猎不时[16]，以适褒姒之意。饮酒流湎[17]，倡优在前，以夜续昼。褒姒不笑，幽王乃欲其笑，万端，故不笑。幽王为烽燧大鼓[18]，有寇至，则举。诸侯悉至而无寇，褒姒乃大笑。幽王欲悦之，数为举烽火。其后不信，诸侯不至。忠谏者诛，唯褒姒言是从。上下相谀，百姓乖离[19]，申侯乃与缯、西夷犬戎共攻幽王，幽王举烽燧征兵，莫至。遂杀幽王于骊山之下，虏褒姒，尽取周赂而去[20]。于是诸侯乃即申侯[21]，而共立故太子宜咎，是为平王。自是之后，周与诸侯无异。《诗》曰："赫赫宗周，褒姒灭之。"此之谓也。

颂曰：褒神龙变，实生褒姒。兴配幽王，废后太子。举烽致兵，笑寇不至。申侯伐周，果灭其祀。

注释

①童妾：婢女。

②褒人：褒君。

③夏后：夏王。去：赶走，打发走。

④漦 chí：鱼或龙之类的涎沫。

⑤布币：陈列币帛，用于祭祀。

⑥椟 dú：匣子。

⑦发：打开。

⑧玄蚖 yuán：黑色的蜥蜴。

⑨遭：遇到。

⑩既笄 jī：本义是指古代绾头发或别住帽子用的簪子。这里指女子十五岁成年。

⑪乳：生，生殖。

⑫檿 yǎn 弧：桑木做的弓。箕 jī 服：箕木做的箭袋。

⑬执：抓，捕捉，逮捕。戮 lù：杀。

⑭窜：乱跑，逃窜。

⑮有狱：犯了罪。狱，官司，罪案。

⑯驱驰：骑马快奔。弋 yì 猎：狩猎。不时：经常，常常。

⑰流湎 miǎn：沉溺于酒中。

⑱烽燧 suì：烽火。古代边防报警的两种信号，白天放烟叫作“烽”，晚上升火叫作“燧”。

⑲乖离：背离，抵触。

⑳赂：泛指财物。

㉑即：顺从，依附。

译文

褒姒是一个婢女的女儿，周幽王的王后。起初，夏朝衰微时，褒君的神灵化为两条龙，同时出现在朝廷上说道：“我们是褒国的两个国君。”夏王占卜得知，无论杀了龙还是赶走龙都不吉利。夏王再次占卜，结果显示收藏龙的唾沫就会吉利。于是夏王命陈设币帛，准备向龙祈祷，但龙却忽然不见了。夏王把唾沫藏在匣子里，放在郊野中，到了周朝建立时，也没有人敢打开它。等到了周厉王的末年，打开匣子一看，唾沫流到了宫廷，怎么也清洗不掉。周厉王让妇女裸着身子对它大喊大叫，流动的唾沫化成了一只黑色蜥蜴，进到后宫去了，宫中一个六七岁的小婢女遇见了它，到十五岁时就怀了孕，在周宣王的时候生下了孩子。没有丈夫却生下了孩子，她觉得害怕就扔了孩子。

这之前，流传着这样一首童谣："桑木做的弓，箕木做的箭袋，都是会灭亡周朝的。"这首童谣传到了宣王那里。后来有一对夫妻卖桑弓箕服，宣王想要派人抓了他们杀掉，夫妻二人晚上逃跑，听见小婢女丢掉的婴儿在夜里大哭，觉得她很可怜，就将她抱起来，两人逃亡到褒国。

这个小孩长大后很美丽，褒国国君姁得罪周朝，就将这个美女献给周幽王来赎罪，周幽王接受而且宠爱她，于是就释放了褒君姁，因此称她为褒姒。等到褒姒生下儿子伯服，周幽王就废了申侯女儿的王后之位，立褒姒为后，废了太子宜咎而立伯服为太子。幽王被褒姒迷惑了，出入王宫跟她同坐一辆车，不理政事，常常策马射猎，好让褒姒满意。幽王沉湎于酒色，夜以继日地让倡优跳舞娱乐。褒姒不笑，幽王想让她笑，想尽办法，她还是不笑。幽王曾设过烽火和大鼓，当有敌人来的时候，就点火升烟报警。他这次点燃烽火，诸侯们都来救援却发现没有敌人，褒姒见后才大笑不止。幽王想要取悦她，多次为她点燃烽火。后来诸侯们就不相信烽火了，也就不再奔来。那些忠心进谏的人被杀，幽王只听从褒姒的话。朝廷上下阿谀谄媚，百姓也都背离他。申侯与缯、西夷犬戎联合起来攻打周幽王，周幽王点燃烽火征召援兵，但没有人来。联军在骊山脚下杀死了周幽王，掳走了褒姒，抢走周朝王室中的财宝。诸侯归附申侯，共同立原先的太子宜咎为平王。从此之后，周朝地位跟诸侯一样了。《诗经》中说:“显赫的宗周,因为褒姒而灭亡。”说的就是这个意思。

颂说：褒君化身为龙，生下褒姒。褒姒配给幽王，幽王废了王后和太子。点燃烽火招来军队，褒姒大笑敌人没来。申侯讨伐宗周，果然灭了幽王。

卫宣公姜

宣姜者，齐侯之女，卫宣公之夫人也。初，宣公夫人夷姜生伋子，以为太子。又娶于齐，曰宣姜，生寿及朔。夷姜既死，宣姜欲立寿，乃与寿弟朔谋构伋子①。公使伋子之齐，宣姜乃阴使力士待之界上而杀之，曰："有四马白旄至者②，必要杀之③。"寿闻之，以告太子曰："太子其避之。"伋子曰："不可。夫弃父之命，则恶用子也④？"寿度太子必行⑤，乃与太子饮，夺之旄而行，盗杀之。伋子醒，求旄不得，遽往追之，寿已死矣。伋子痛寿为己死，乃谓盗曰："所欲杀者乃我也，此何罪？请杀我。"盗又杀之。二子既死，朔遂立为太子。宣公薨⑥，朔立，是为惠公，竟终无后，乱及五世，至戴公而后宁。《诗》云："乃如之人，德音无良。"此之谓也。

颂曰：卫之宣姜，谋危太子。欲立子寿，阴设力士。寿乃俱死，卫果危殆。五世不宁，乱由姜起。

注释

①构：诬陷；陷害。

②旄 máo：用牦牛尾装饰的旗子。

③要 yāo：同"邀"，中途拦截。

④恶 wū：同"乌"，疑问词，哪，何。

⑤度 duó：计算，推测。

⑥薨 hōng：古代称诸侯或有爵位的大官去世为薨。

译文

宣姜，是齐国国君的女儿，卫宣公的夫人。起初，卫宣公的夫人夷姜生下了伋子，立为太子。后来卫宣公又娶了一个齐国的女子，称为宣姜，生下寿和朔。夷姜死后，宣姜想要立寿为太子，就与寿的弟弟朔一起谋划陷害太子。一次，宣公派太子伋子出使齐国，宣姜就暗中派力士埋伏在边境上，准备杀死太子，对他交代道："看见有人乘坐四匹马拉的车，车上插着白旄旗，你务必要拦截并杀了那个人。"

寿听说了这件事，就告诉了伋子，他说："太子还是躲避吧！"伋子说："不行，如果违背了父亲的命令，哪里还算得上是他的儿子呢？"寿揣测太子一定会去，就和太子饮酒，拿走了他的旄旗，先走了。埋伏的人把他给杀了。伋子醒了后，没有找到白旄旗，就急忙追上去，发现寿已经死了。伋子为寿替自己而死感到非常痛心，就对刺客说道："你们想要杀死的人是我，他又有什么罪？来杀我吧！"强盗又把他给杀死了。伋子和寿都死了之后，朔被立为太子。宣公死了后，朔被立为国君，就是卫惠公。卫惠公一直没有后代，卫国的祸乱持续了五代，到了戴公之后才安宁。《诗经》中说："竟有这种人，品德名誉恶坏。"说的就是宣姜这样的人。

颂说：卫宣公的夫人宣姜，图谋杀死太子。想要立寿为太子，暗中埋伏力士。寿与太子都死了，卫国果然有危难。五世都不安宁，祸乱是由宣姜而起。

鲁桓文姜

文姜者，齐侯之女，鲁桓公之夫人也。内乱其兄齐襄公。桓公将伐郑，纳厉公。既行，与夫人俱将如齐也。申繻曰："不可。女有家，男有室，无相渎也[①]，谓之有礼，易此必败。且礼，妇人无大故则不归。"桓公不听，遂与如齐。文姜与襄公通，桓公怒，禁之不止。文姜以告襄公，襄公享桓公酒，醉之，使公子彭生抱而乘之，因拉其胁而杀之，遂死于车。鲁人求彭生以除耻，齐人杀彭生。《诗》曰："乱匪降自天，生自妇人。"此之谓也。

颂曰：文姜淫乱，配鲁桓公。与俱归齐，齐襄淫通。俾厥彭生[②]，摧干拉胸[③]。维女为乱，卒成祸凶。

注释

①渎 dú：轻慢，对人不恭敬。

②俾 bǐ：使。

③摧干：折断身体躯干。

译文

文姜，是齐国国君的女儿，鲁桓公的夫人。她在出嫁前就与哥哥齐襄公私通。一次，桓公准备讨伐郑国，送郑厉公回国。准备出发时，鲁桓公打算和夫人文姜一起到齐国去。申繻劝道："不可以。女子有丈夫，男子有妻子，不相互轻慢，这叫有礼，改变了它，一定会有恶果。况且按礼来说，妇人没有因大过被休，不能回娘家。"鲁桓公不听，于是和文姜一起去了齐国。

文姜与襄公私通，桓公非常生气，禁止她这样做，却不起作用。文姜将此告诉了襄公，襄公设酒宴宴请桓公，把他灌得大醉，派公子彭生抱着他上马车，趁机折断了他的肋骨，杀了他，桓公死在了车上。鲁国人要求抓了彭生以血洗国耻，齐国就杀死了彭生。《诗经》中说："祸乱不是降自于天上，而是来自于妇人。"说的就是这个意思。

颂说：文姜淫乱，配给鲁桓公。与他一起回到齐国，文姜与襄公私通。指使彭生，折断桓公的躯干和肋骨，鲁桓公被杀。这个女子作乱，终于酿成了凶祸。

鲁庄哀姜

哀姜者，齐侯之女，庄公之夫人也。初，哀姜未入时，公数如齐①，与哀姜淫。既入，与其弟叔姜俱②。公使大夫宗妇用币见③，大夫夏甫不忌曰：“妇贽不过枣栗④，以致礼也。男贽不过玉帛、禽鸟，以彰物也⑤。今妇贽用币，是男女无别也。男女之别，国之大节也⑥。无乃不可乎⑦？”公不听，又丹其父桓公庙宫之楹⑧，刻其桷⑨，以夸哀姜。哀姜骄淫⑩，通于二叔公子庆父、公子牙。哀姜欲立庆父，公薨，子般立，庆父与哀姜谋，遂杀子般于党氏，立叔姜之子，是为闵公。闵公既立，庆父与哀姜淫益甚，又与庆父谋杀闵公而立庆父，遂使卜齮袭弑闵公于武闱⑪。将自立，鲁人谋之，庆父恐，奔莒，哀姜奔邾。齐桓公立僖公，闻哀姜与庆父通以危鲁，乃召哀姜，鸩而杀之⑫，鲁遂杀庆父。《诗》云：“啜其泣矣，何嗟及矣！”此之谓也。

颂曰：哀姜好邪，淫于鲁庄。延及二叔，骄妒纵横。庆父是依，国适以亡。齐桓征伐，鸩杀哀姜。

注释

①如：去，往。

②弟：古代亦称妹为弟。

③宗妇：同姓族人之妇。币：泛指车马皮帛玉器等礼物。

④贽 zhì：古时初次求见人所送的礼物。

⑤彰物：显示等级。

⑥大节：基本的法纪；纲纪。

⑦无乃：表示委婉反问，不是、岂不是。

⑧丹：涂染成红色。楹 yíng：堂屋前部的柱子。

⑨桷 jué：方形的椽子。

⑩骄淫：骄纵放荡。

⑪武闱：王宫里的小门。

⑫鸩 zhèn：用鸩的羽毛泡成的毒酒。这里指用鸩酒杀人。

译文

哀姜是齐国国君的女儿，鲁庄公的夫人。当初，哀姜还没有嫁到鲁国时，庄公多次到齐国与哀姜淫乱。不久，哀姜和她的妹妹叔姜一起嫁到鲁国。庄公让同姓族人之妇带着玉帛之类的礼物拜见哀姜，大夫夏甫不忌说："妇人不过是拿些枣栗作为见面礼，用这些东西表示礼敬。男人不过是拿玉帛禽鸟作为见面礼，用来显示等级。如今妇人用玉帛之类作为礼物，这是让男女没有区别呀。男女之别，是国家基本的纲纪。这样恐怕不可以吧？"庄公不听从他的劝谏，又命人在他父亲桓公庙宫的楹柱上涂上红漆，雕刻方形椽子，以此来向哀姜夸耀。

哀姜骄纵放荡，跟她的两个小叔子即公子庆父、公子牙私通。哀姜想立庆父为国君，庄公死后，子般做了国君。庆父与哀姜密谋，于是在党氏家中杀死了子般，立叔姜的儿子为国君，即闵公。

闵公即位后，庆父与哀姜更加淫乱，两人又密谋杀死闵公，立庆父为国君，于是派卜齮在宫门前刺杀闵公。在庆父准备即位时，鲁国人谋划对付他，庆父很害怕，就逃到了莒国，哀姜则逃到了邾国。齐桓公立僖公为鲁国国君，听说哀姜与庆父私通，危害了鲁国，于是就召来哀姜，用毒酒将她毒死，接着鲁国也杀死了庆父。《诗经》中说:“低声啜泣，悔恨莫及！”说的就是这个意思。

颂说：哀姜为人淫邪，与鲁庄公淫乱。她和两个小叔子也私通，为人骄妒放纵又蛮横。一心想要依靠庆父，鲁国将面临危亡。齐桓公征伐鲁国，用鸩酒毒杀了哀姜。

晋献骊姬

骊姬者，骊戎之女[1]，晋献公之夫人也。初，献公娶于齐，生秦穆夫人及太子申生，又娶二女于戎，生公子重耳、夷吾。献公伐骊戎，克之，获骊姬以归，生奚齐、卓子。骊姬嬖于献公，齐姜先死[2]，公乃立骊姬以为夫人。骊姬欲立奚齐，乃与弟谋曰[3]："一朝不朝，其间容刀，逐太子与二公子而可间也。"于是骊姬乃说公曰："曲沃，君之宗邑也[4]；蒲与二屈，君之境也[5]。不可以无主。宗邑无主，则民不畏；边境无主，则开寇心。夫寇生其心，民嫚其政[6]，国之患也。若使太子主曲沃，二公子主蒲与二屈，则可以威民而惧寇矣。"遂使太子居曲沃，重耳居蒲，夷吾居二屈。骊姬既远太子，乃夜泣。公问其故，对曰："吾闻申生为人，甚好仁而强，甚宽惠而慈于民，今谓君惑于我，必乱国，无乃以国民之故[7]，行强于君，君未终命而殁[8]，君其奈何？胡不杀我，无以一妾乱百姓。"公曰："惠其民而不惠其父乎？"骊姬曰："为民与为父异。夫杀君利民，民孰不戴？苟父利而得宠[9]，除乱而众说[10]，孰不欲焉。虽其爱君，欲不胜也。若纣有良子，而先杀纣，毋章其恶，钧死也，毋必假手于武王以废其祀。自吾先君武公兼翼，而楚穆弑成 。此皆为民而不顾亲，君不早图，祸且及矣。”公惧，曰：“奈何而可？”骊姬曰：“君何不老而授之政？彼得政而治之，殆将释君乎？”公曰：“不可，吾将图之。”由此疑太子。骊姬乃使人以公命告太子曰：“君梦见齐姜，亟往祀焉。”申生祭于曲沃，归福于绛，公田不在，骊姬受福，乃寘鸩于酒[11]，施毒于脯。公至，召申生，将胙，骊姬曰：“食自外来，不可不试也。”覆酒于地，地坟。申生恐而出。骊姬与犬，犬死，饮小臣，小臣死之。骊姬乃仰天叩心而泣，见申生哭曰：“嗟乎！国，子之国，子何迟为君？有父恩忍之，况国人乎！弑父以求利，人孰利之？”献公使人谓太子曰：“尔其图之。”太傅里克曰：“太子入自明，可以生，不则不可以生。”太子曰：“吾君老矣。若入而自明，则骊姬死，吾君不安。”遂自经于新城庙。公遂杀少傅杜原款。使阉楚刺重耳，重耳奔狄。使贾华刺夷吾，夷吾奔梁。尽逐群公子，乃立奚齐。献公卒，奚齐立，里克杀之。卓子立，又杀之。乃戮骊姬，鞭而杀之。于是秦立夷吾，是为惠公。惠公死，子圉立，是为怀公。晋人杀怀公于高梁，立重耳，是为文公。乱及五世然后定。《诗》曰：“妇有长舌，惟厉之阶。”又曰：“哲妇倾城。”此之谓也。

颂曰：骊姬继母，惑乱晋献。谋谮太子，毒酒为权。果弑申生，公子出奔。身又伏辜，五世乱昏。

注释

①骊戎：古族名。古戎人的一支，国君姬姓。在今陕西临潼一带。一说在今山西省析城、王屋两山之间。

②先死：早死。

③弟：妹妹。

④宗邑：宗庙所在的城邑。

⑤境：边疆，边界。

⑥嫚 màn：轻侮，侮辱。

⑦无乃：相当于“莫非”“恐怕是”，表示委婉测度的语气。

⑧殁 mò：死。

⑨宠：荣耀。

⑩说 yuè：通“悦”，高兴。

⑪寘 zhì：放置，安置。

译文

骊姬，是骊戎的女儿，晋献公的夫人。起初，献公娶了齐国的女子，生下了秦穆夫人和太子申生，又娶了戎国的两个女子，生下了公子重耳、夷吾。献公攻伐骊戎，大胜，得到骊姬，生下了奚齐、卓子。骊姬很受献公的宠爱，齐姜早死，献公就立骊姬为夫人。

骊姬想要立奚齐为太子，就跟陪嫁的妹妹密谋道：

“不朝见时趁机下手，赶走太子与两位公子之后就有机可乘了。”于是骊姬劝谏献公道：“曲沃是国君宗庙所在的城邑；蒲与二屈二地，是国君的边邑。这些地方不能没有主管的人，宗庙所在的城邑没有主管的人，百姓就不畏惧；边邑没有主管的人，就会开启敌寇入侵的念头。如果敌寇想要入侵，百姓轻视政令，这是国家的祸患。如果派太子主管曲沃，让两个公子主管蒲与二屈之地，就可以立威于百姓，使敌人害怕。”于是献公就派太子住在曲沃，派重耳住在蒲地，派夷吾住在二屈。

骊姬赶走太子后，在一个晚上哭泣。献公问她原因，她回答道：“我听说申生为人仁义，势力强大，做事很宽厚仁慈，对百姓很慈爱，现在他说君主被我迷惑，一定会乱国，恐怕他为了国家百姓，会对君主行强夺权。君主还没有终命就死了，那可怎么办啊？为何不杀了我，不要因为一个贱妾而祸乱百姓。”献公问道：“难道他只爱百姓而不爱他的父亲吗？”骊姬说：“对待百姓和对待父亲是不一样的。如果杀死君主有利于百姓，百姓谁不拥戴？如果父亲能获利且能获得荣耀，除掉祸乱，让百姓高兴，谁不想这样做呢？即使他爱君主，也经受不住这种欲望的引诱。假若纣王有个好儿子，先杀死了纣王，没有彰显他的罪恶，同样是死，也就不必借助周武王的力量断绝他的祭祀。从我们的先君武公兼并翼都开始，到楚穆王杀死楚成王，这都是为了百姓而不顾亲情。

君主要是不早做打算，大祸就要临头了。”

献公很害怕，问道：“那怎么办呢？”骊姬说道：“君主为何不告老退位，将国政授给申生？他得到了政权，统治国家，大概就会放过您了吧？”献公说：“不行，我还是好好谋划谋划。”这之后献公就开始怀疑太子。

骊姬于是派人以君令告诉太子说：“国君梦见了齐姜，你赶快去祭祀她。”于是太子到曲沃去祭祀，把祭祀的酒肉带回了绛都。献公打猎去了，不在宫中，骊姬接受了酒肉，在酒肉中下了毒。献公回来后，召来申生把肉献上去，骊姬说：“食物从外面来，不能不先试试是否安全。”于是把酒倒在地上，地面凸起，申生感到很害怕就跑了出去。骊姬将肉给狗吃，狗死，让宦官饮酒，宦官也死掉了。于是骊姬仰天捶胸哭泣，找到申生哭道：“啊呀！这个国家是你的国家，你不是早晚都要当国君的吗？有父亲的恩惠尚且对他如此残忍，更何况是对待国人呢？杀了父亲来谋求私利，还有谁会拥戴你呢？”献公派人对太子说：“你好好想想吧。”太傅里克说：“太子进太庙，见国君并为自己申辩就可以活着，否则就不能活。”太子说道：“我们的国君老了，如果我进去申辩，骊姬必定会死，我们的君主就会心中不安。”于是他在新城的宗庙里上吊自杀了。

随后献公杀了少傅杜原款，派阉楚刺杀重耳，重耳逃到狄国。派贾华刺杀夷吾，夷吾逃到梁国。把其他的公子都赶走了，立奚齐为太子。献公死后，奚齐即位，大臣里克杀死了他。卓子即位，里克又将他杀了。里克羞辱骊姬，将她鞭打至死。于是秦国立夷吾为国君，即晋惠公。惠公死了之后，子圉即位，即晋怀公。晋国人在高梁杀死了晋怀公，立公子重耳为文公。这场内乱波及五世，直到此时才安定下来。《诗经》中说："妇人有长舌，是祸患的根源。"又说："有心计的女子毁灭国家。"说的就是这个意思。

颂说：骊姬是太子的继母，惑乱晋献公。进谗言陷害太子，在酒肉中下毒。果然申生自杀了，公子也都逃跑了。骊姬服罪死，使得国家五世都混乱黑暗。

鲁宣缪姜

缪姜者，齐侯之女，鲁宣公之夫人，成公母也。聪慧而行乱，故谥曰缪。初，成公幼，缪姜通于叔孙宣伯，名乔如。乔如与缪姜谋去季、孟而擅鲁国。晋楚战于鄢陵，公出佐晋。将行，姜告公："必逐季、孟，是背君也。"公辞以晋难，请反听命。又货晋大夫[1]，使执季孙行父而止之，许杀仲孙蔑，以鲁士晋为内臣[2]。鲁人不顺乔如，明而逐之[3]，乔如奔齐。鲁遂摈缪姜于东宫。始往，缪姜使筮之[4]，遇艮之六。史曰："是谓艮之随。随其出也，君必速出。"姜曰："亡[5]。是于《周易》曰：'随，元亨利贞，无咎。'元，善之长也；亨，嘉之会也；利，义之和也；贞，事之干也[6]。终故不可诬也，是以虽随无咎。今我妇人而与于乱，固在下位，而有不仁，不可谓元；不靖国家，不可谓亨；作而害身，不可谓利；弃位而放，不可谓贞。有四德者，随而无咎，我皆无之，岂随也哉！我则取恶，能无咎乎！必死于此，不得出矣。"卒薨于东宫。君子曰："惜哉缪姜！虽有聪慧之质，终不得掩其淫乱之罪。"《诗》曰："士之耽兮，犹可说也。女之耽兮，不可说也。"此之谓也。

颂曰：缪姜淫泆，宣伯是阻。谋逐季孟，欲使专鲁。既废见摈，心意摧下。后虽善言，终不能补。

注释

①货：贿赂。

②士：通“事”，侍奉。

③明：通“盟”，结盟。

④筮 shì：用蓍草占卦。

⑤亡：通“无”，不，没有。

⑥干 gàn：事物的主体或重要部分。

译文

缪姜是齐侯的女儿，鲁宣公的夫人，鲁成公的母亲，她聪慧但是淫乱，所以她的谥号是“缪”。起初，成公小时候，缪姜和叔孙宣伯私通，宣伯名叫乔如。乔如与缪姜商量除掉季氏和孟氏，独揽鲁国大政。晋楚在鄢陵大战时，成公出兵援助晋国。临行前，缪姜告诉成公：“一定要驱逐季氏和孟氏，他们背叛了国君。”成公以晋国有战争而推托，等回来之后再听命。两人又贿赂晋国大夫，让他们扣留季孙行父，许诺杀了仲孙蔑，让鲁国作为内臣侍奉晋国。鲁国人不顺从乔如，联合起来驱逐他们。乔如逃到齐国，鲁国将缪姜囚禁在东宫。缪姜刚住进去的时候，派人占卜，得到艮卦变为六。占卜的官员说：“这叫艮卦变为随卦，‘随’有出走的意思。您一定很快就会出去的。”缪姜说：“不，这个卦象在《周易》中说：‘随，元亨利贞，无咎。’元，是善的最高部分；亨，是嘉礼中的主宾相会；利，是道义的调和；贞，是事情的主体。所以这些都不是可以欺骗的。因此虽是‘随，无咎’，也未必乐观。现在我作为女人参与乱局，本来地位低下，再加之没有仁德，不能说是‘元’；使国家不安定，不能说是‘亨’，做事伤及自身，不能说是‘利’；丢了原有的地位被放逐，不能说是‘贞’。有这四种德行的，得‘随’卦是没有灾祸，我没有这四种德行，怎么能合于‘随’卦呢？我做了邪恶的事，怎么会没有灾祸呢？我肯定会死在这件事上，不能够出去了。”缪姜最后果然死在了东宫。

君子说：“可惜呀，缪姜！虽然天资聪慧，但终不能掩盖她淫乱的罪行。”《诗经》中说：“男人沉迷于享乐中，尚且能脱身。女子沉迷于其中，可就难脱身了。”说的就是这个意思。

颂说：缪姜淫乱，宣伯骄纵。两人谋划驱逐季氏和孟氏，想让宣伯专擅鲁国。缪姜被废，囚禁在东宫，心中悲伤。后来虽然善于言辞，终究于事无补。

陈女夏姬

陈女夏姬者，陈大夫夏徵舒之母。其状美好无匹[①]，内挟伎术，盖老而复壮者。三为王后，七为夫人。公侯争之，莫不迷惑失意[②]。夏姬之子徵舒为大夫，公孙宁、仪行父与陈灵公皆通于夏姬，或衣其衣，以戏于朝。泄冶见之，谓曰："君有不善，子宜掩之。今自子率君而为之，不待幽闲于朝廷，以戏士民，其谓尔何？"二人以告灵公，灵公曰："众人知之，吾不善，无害也。泄冶知之，寡人耻焉。"乃使人徵贼泄冶而杀之。灵公与二子饮于夏氏，召徵舒也，公戏二子曰："徵舒似汝。"二子亦曰："不若其似公也。"徵舒疾此言。灵公罢酒出，徵舒伏弩厩门，射杀灵公。公孙宁、仪行父皆奔楚，灵公太子午奔晋。其明年，楚庄王举兵诛徵舒，定陈国，立午，是为成公。庄王见夏姬美好，将纳之，申公巫臣谏曰："不可。王讨罪也，而纳夏姬，是贪色也。贪色为淫，淫为大罚。愿王图之。"王从之，使坏后垣而出之。将军子反见美，又欲取之。巫臣谏曰："是不祥人也。杀御叔，弑灵公，戮夏南，出孔、仪，丧陈国。天下多美妇人，何必取是？"子反乃止。庄王以夏姬与连尹襄老，襄老死于邲，亡其尸，其子黑要又通于夏姬。巫臣见夏姬，谓曰："子归[③]，我将聘汝[④]。"

及恭王即位，巫臣聘于齐[5]，尽与其室俱，至郑，使人召夏姬曰："尸可得也。"夏姬从之，巫臣使介归币于楚[6]，而与夏姬奔晋。大夫子反怨之[7]，遂与子重灭巫臣之族而分其室。《诗》云："乃如之人兮，怀昏姻也，大无信也，不知命也。"言嬖色殒命也[8]。

颂曰：夏姬好美，灭国破陈。走二大夫，杀子之身。殆误楚庄，败乱巫臣。子反悔惧，申公族分。

注释

①无匹：无比；无可匹配。

②失意：谓心意迷乱。

③归：回娘家。

④聘：旧时称订婚、迎娶之礼。

⑤聘：访问。

⑥介：副使。

⑦怨：怨恨，仇恨。

⑧嬖 bì 色：喜爱女色。殒命：死亡，丧身。

译文

陈女夏姬，是陈国大夫夏徵舒的母亲。她貌美无比，驻颜有术，所以她年纪大了，看起来还是很年轻。她三次当王后，七次做夫人。公侯们争着想得到她，没有不被迷得神魂颠倒的。

夏姬的儿子徵舒是陈国的大夫。公孙宁、仪行父与陈灵公都与夏姬私通，有时还穿着她的衣服在朝廷上嬉戏。泄冶见到后，就对公孙宁、仪行父说道："国君有不好的地方，你们就应该掩饰。如今你们引导国君做不好的事，甚至是不等幽暗和空闲之时，就在朝堂之下嬉闹,这是为何呢？"二人将泄冶的话转告给灵公,灵公说："大家都知道我有些不好的地方，也没有什么不妥之处。泄冶知道了，却让我感到羞耻。"于是就派人将泄冶杀死了。

有一次，灵公与公孙宁、仪行父在夏姬家中喝酒，召来了夏徵舒。陈灵公和两人开玩笑说道："徵舒长得像你们。"两人也说："他更像您啊。"徵舒痛恨这些话。灵公喝完酒后出来，徵舒在马棚门口射暗箭，射杀了灵公。公孙宁、仪行父都逃到了楚国。陈灵公的太子午逃到了晋国。

第二年，楚庄王率兵杀了徵舒，平定了陈国，立太子午为陈国国君，即成公。庄王见夏姬貌美，想要纳她为妾，申公巫臣劝谏道："不可以。大王是来讨伐徵舒的罪行的，如果娶了夏姬，就是贪恋美色。贪恋美色为淫，淫为大罪。希望大王三思啊！"庄王听从了他的话，让人把后墙毁坏，送走了夏姬。将军子反见到夏姬很美，也想娶她。巫臣劝谏道："她是个不祥之人，因为她的缘故，御叔，灵公和夏南（即夏徵舒）被杀，孔、仪（即孔宁、仪行父）二人被迫出逃，陈国几乎亡国。天下的美女多的是，何必要娶她呢？"子反这才没有娶她。

庄王将夏姬嫁给了连尹襄老，连尹襄老死在了邲地的战场上，连尸体都弄丢了，他的儿子黑要又与夏姬私通。巫臣见到夏姬，对她说："你先回娘家，我将娶你为妻。"

等到恭王即位之后，巫臣到齐国访问，他带上了所有的家人和家产来到郑国，派人叫夏姬说："可以得到襄老的尸体了。"夏姬就跟了巫臣。巫臣派人把齐国赠送的礼物带给楚国，而自己和夏姬逃到晋国。大夫子反怨恨巫臣，就与子重杀了巫臣全族，瓜分了他们的财产。《诗经》中说："像这样的人，败坏婚姻呀。太没有贞信，不知父母之命呀！"说喜爱女色就会丧命。

颂说：夏姬美艳，致使陈国衰败。两位大夫逃亡，儿子也被杀。几乎贻害楚庄王，败坏巫臣。子反悔恨恐惧，巫臣全族被瓜分。

齐灵声姬

声姬者，鲁侯之女，灵公之夫人，太子光之母也，号孟子。淫通于大夫庆克，与之蒙衣乘辇[①]，而入于闳[②]。鲍牵见之，以告国佐。国佐召庆克，将询之。庆克久不出，以告孟子曰："国佐非我。"孟子怒。时国佐相灵公，会诸侯于柯陵，高子、鲍子处内守，及还，将至，闭门而索客[③]，孟子诉之曰："高、鲍将不内君，而欲立公子角，国佐知之。"公怒，刖鲍牵而逐高子[④]、国佐，二人奔莒，更以崔杼为大夫，使庆克佐之，乃率师围莒，不胜，国佐使人杀庆克，灵公与佐盟而复之。孟子又诉而杀之[⑤]。及灵公薨，高、鲍皆复，遂杀孟子，齐乱乃息。《诗》云："匪教匪诲，时维妇寺。"此之谓也。

颂曰：齐灵声姬，厥行乱失。淫于庆克，鲍牵是疾。谮诉高鲍，遂以奔亡。好祸用亡，亦以事丧。

注释

①蒙衣：以巾蒙头。辇：古代用人拉着走的车子，后多指天子或王室坐的车子。

②闳 hóng：宫中巷门。

③索：检查。

④刖 yuè：古时酷刑，把脚砍掉。

⑤讦：诬陷。

译文

声姬，是鲁国国君的女儿，齐灵公的夫人，太子光的母亲，号称“孟子”。她与大夫庆克私通。她让庆克穿着妇人的衣服，以巾遮头，同自己一起乘坐辇车进入宫中巷门。鲍牵发现后就告诉了国佐。国佐召见庆克，想要询问这件事。庆克很久都不出门，还告诉孟子说：“国佐责难我。”孟子听后大怒。

当时国佐作为齐灵公相国，随灵公在柯陵与各诸侯会盟，高子和鲍子留在国内守城。等到灵公回来，快要到达城门的时候，高子和鲍子关闭城门，检查行人。孟子趁机诬陷道：“高、鲍二人不让国君进来，准备立公子角为国君，国佐知道这件事。”灵公大怒，砍掉了鲍牵的脚，赶走了高子、国佐。高子、国佐两人逃到莒国。灵公改封崔杼为大夫，让庆克辅佐他，率军围攻莒国，没有取胜。国佐派人杀了庆克，与灵公盟誓，并复职。孟子又诬陷他并让灵公杀了他。在灵公去世后，高、鲍二人都复职，于是杀了孟子，齐国的混乱才得以平息。《诗经》中说：“没有别人教君王做坏事，只是妇人近侍君王。”说的就是这个意思。

颂说：齐灵公的夫人声姬，行为淫乱放荡。与庆克通奸，鲍牵见及被怨恨。声姬谗毁攻讦高子与鲍子，使得二人出逃。她好惹祸乱，也因此而死去。

齐东郭姜

齐东郭姜者，棠公之妻，齐崔杼御东郭偃之姊也[①]。美而有色。棠公死，崔子吊而说姜[②]，遂与偃谋娶之。既居，其室比于公宫，庄公通焉，骤如崔氏[③]。崔子知之。异日，公以崔子之冠赐侍人，崔子愠[④]，告有疾，不出。公登台以临崔子之宫，由台上与东郭姜戏，公下从之，东郭姜奔入户而闭之。公推之曰："开，余。"东郭姜曰："老夫在此，未及收发。"公曰："余开崔子之疾也，不开？"崔子与姜自侧户出，闭门，聚众鸣鼓。公恐，拥柱而歌。公请于崔氏曰："孤知有罪矣，请改心事吾子。若不信，请盟。"崔子曰："臣不敢闻命。"乃避之。公又请于崔氏之宰[⑤]，曰："请就先君之庙而死焉。"崔氏之宰曰："君之臣杼，有疾不在，侍臣不敢闻命。"公逾墙而逃，崔氏射公中踵[⑥]，公反堕，遂弑公。先是时，东郭姜与前夫子棠毋咎俱入，崔子爱之，使为相室。崔子前妻子二人，大子城、少子强。及姜入后，生二子明、成。成有疾，崔子废成，而以明为后。成使人请崔邑以老，崔子哀而许之。棠毋咎与东郭偃争而不与，成与强怒，将欲杀之，以告庆封。庆封，齐大夫也，阴与崔氏争权，欲其相灭也。谓二子曰："杀之。"于是二子归杀棠毋咎、东郭偃于崔子之庭。崔子怒，诉之于庆氏曰:“吾不肖，有子不能教也，以至于此。吾事夫子，国人之所知也，唯辱使者，不可以已。”庆封乃使卢蒲嫳帅徒众，与国人焚其库厩，而杀成、强。崔氏之妻曰:“生若此,不若死。”遂自经而死。崔子归，见库厩皆焚，妻子皆死，又自经而死。君子曰:“东郭姜杀一国君而灭三室，又残其身，可谓不祥矣。”《诗》曰:“枝叶未有害，本实先败。”此之谓也。

颂曰:齐东郭姜,崔杼之妻。惑乱庄公,毋咎是依。祸及明成，争邑相杀。父母无聊，崔氏遂灭。

注释

①御：驾驶马车的人。

②吊：祭奠死者。说yuè：喜欢。

③骤：屡次。

④愠 yùn：怒，怨恨。

⑤宰：贵族家中的管家，家臣。

⑥踵 zhǒng：脚后跟。

译文

齐东郭姜，是棠公的妻子，齐国崔杼的车夫东郭偃的姐姐。她美丽无比。棠公死后，崔杼前去吊唁，喜欢上了东郭姜，就和东郭偃商量，娶了东郭姜。

东郭姜到了崔杼家后，她居住的宫室和庄公的宫室紧邻，庄公和她私通，多次到崔家。崔杼知道了这件事。一天，庄公将崔杼的帽子赐给了侍从，崔杼很怨恨，称自己有病，不出家门。庄公登上高台，俯视崔杼的宫室，在台上调戏东郭姜，又走下高台，追着东郭姜，东郭姜跑进房间，把门关上。庄公推门道："开门！是我。"东郭姜说："老头子在这里，还没有梳头。"庄公说："我是来探视崔杼的病情的，怎么不开门？"崔杼和妻子从侧门出去，关上门，聚众鸣鼓。庄公害怕，抱着柱子高歌。庄公向崔杼请求道："我知道自己有罪，请让我改正侍奉您。若您不信，我可以与您盟誓。"崔杼答道："臣不敢听命。"说完就避开了。庄公又向崔家的总管请求道："请让我死在先君的庙中。"崔家的总管道："君主的臣子崔杼有病不在这里，侍臣我不敢听命。"庄公想要越墙逃跑，崔杼放箭射中了他的脚后跟，庄公掉了下来，接着就被杀了。

之前，东郭姜与前夫所生的儿子棠毋咎一起来到了崔家。崔杼很宠爱东郭姜，让她管理家务。崔杼的前妻生有两个儿子，大儿子叫城，小儿子叫强。等到东郭姜进门后，又生了两个儿子，叫明和成。成生了病，崔杼废了崔成，立崔明为爵位继承人。崔成托人请求将崔邑作为自己的养老之地，崔杼可怜他就答应了。棠毋咎与东郭偃力争崔邑，崔杼却不给。崔成与崔强恼怒，想要杀了他们，就将此事告诉了庆封。庆封，是齐国的大夫，私下里与崔杼一直争夺权势，想要让他们自相残害，就对二人说："杀了他们！"于是二人就在崔杼的庭院里杀了棠毋咎和东郭偃。崔杼大怒，对庆封诉说道：“我不才，有儿子不能教导，以致事情到了这种地步。国人都知道我待您很好。只有您派人去，才能让他们停下来。”庆封便派卢蒲嫳率领众人，与国人焚烧了崔杼的仓库马厩，杀了崔成和崔强。崔杼的妻子说道：“像这样活着还不如死了。”于是上吊自杀。崔杼回来后，见仓库马厩都被烧毁，妻子和儿子也都死了，自己也上吊自杀了。

君子说：“东郭姜使得一国之君被杀死，使三个家族被灭,自己也死了,可以说是不祥之人。”《诗经》中说：“枝叶虽然未损伤，树根已烂难长久。”说的就是这个情况。

颂说：齐东郭姜，是崔杼的妻子。她惑乱庄公，听从毋咎。祸乱波及明和成，为争邑地相互残杀。父母无所依托，崔氏一家被灭。

卫二乱女

卫二乱女者，南子及卫伯姬也。南子者，宋女，卫灵公之夫人，通于宋子朝，太子蒯聩知而恶之。南子谗太子于灵公曰："太子欲杀我。"灵公大怒蒯聩，蒯聩奔宋。灵公薨，蒯聩之子辄立，是为出公。卫伯姬者，蒯聩之姊也，孔文子之妻，孔悝之母也。悝相出公。文子卒，姬与孔氏之竖浑良夫淫[①]。姬使良夫于蒯聩，蒯聩曰："子苟能内我于国，报子以乘轩[②]，免子三死。"与盟，许以姬为良夫妻。良夫喜，以告姬，姬大悦。良夫乃与蒯聩入舍孔氏之圃。昏时，二人蒙衣而乘，遂入至姬所。已食，姬杖戈先太子与五介胄之士，迫其子悝于厕[③]，强盟之。出公奔鲁，子路死之，蒯聩遂立，是为庄公。杀夫人南子，又杀浑良夫。庄公以戎州之乱，又出奔，四年而出公复入。将入，大夫杀孔悝之母而迎公。二女为乱五世，至悼公而后定。《诗》云："相鼠有皮，人而无仪。人而无仪，不死何为？"此之谓也。

颂曰：南子惑淫，宋朝是亲。谮彼蒯聩，使之出奔。悝母亦嬖，出入两君。二乱交错，咸以灭身。

注释

①竖：役使小吏。

②乘轩：乘坐大夫的车子，这里指封为大夫。

③厕：通“侧”，旁边。

译文

卫二乱女，指的是南子和卫伯姬。南子，是宋国人，是卫灵公的夫人。她跟宋国的子朝私通，太子蒯聩得知以后非常讨厌她。南子就在灵公面前诬陷太子说：“太子想要杀我。”灵公很生蒯聩的气，蒯聩逃到了宋国。灵公去世后，蒯聩的儿子继承君位，他就是出公。

卫伯姬，是蒯聩的姐姐，孔文子的妻子，孔悝的母亲。孔悝辅佐出公。文子死后，卫伯姬与孔家的役使小吏浑良夫私通。卫伯姬让良夫到蒯聩那里去，蒯聩说：“如果你能让我回国为君，我封你为大夫作为报答，并免除你的三项死罪。”二人盟誓后，蒯聩将卫伯姬许配给良夫为妻。良夫大喜，就将此事告诉了伯姬，伯姬也很高兴。于是良夫便同蒯聩一起潜入到孔家的菜园里。天黑后，两人以巾蒙头，进入到伯姬的房里。吃过饭后，卫伯姬拿着戈走在前面，太子和五个武士在后面跟着，将她的儿子孔悝逼迫到角落里，强迫他盟誓。出公只好逃往鲁国，子路也因此被杀。蒯聩被立为国君，即庄公。庄公杀死了灵公的夫人南子，又杀了浑良夫。后来，庄公因戎州之乱，再次逃亡，四年后，出公回到了卫国。他将要到国都时，大夫们杀掉了孔悝的母亲伯姬，迎立出公。两位女子祸乱卫国五代，到了悼公时才安定下来。《诗经》中说：“看那老鼠有张皮，人却不知礼仪。如果人没有礼仪，为何还不快去死？”说的就是这个意思。

颂说：南子惑乱淫荡，与宋子朝私通。诬陷太子蒯聩，迫使他逃亡。孔悝的母亲也淫乱，参与两位君主的废立。这两乱交错发生，她们最后都被杀身亡。

赵灵吴女

赵灵吴女者，号孟姚，吴广之女，赵武灵王之后也。初，武灵王娶韩王女为夫人，生子章，立以为后，章为太子。王尝梦见处女，鼓瑟而歌，曰："美人荧荧兮，颜若苕之荣，命兮命兮，逢天时而生，曾莫我嬴嬴。"异日，王饮酒乐，数言所梦，想见其人，吴广闻之，乃因后而入其女孟姚，甚有色焉，王爱幸之，不能离。数年，生子何。孟姚数微言后有淫意，太子无慈孝之行，王乃废后与太子，而立孟姚为惠后，以何为王，是为惠文王。武灵王自号主父，封章于代，号安阳君。四年，朝群臣，安阳君来朝，主父从旁观窥群臣宗室，见章傫然也[①]，反臣于弟，心怜之。是时，惠后死久恩衰，乃欲分赵而王章于代，计未决而辍。主父游沙丘宫，章以其徒作乱，李兑乃起四邑之兵击章，章走主父，主父闭之，兑因围主父宫。既杀章，乃相与谋曰："以章围主父，即解兵，吾属夷矣[②]。"乃遂围主父，主父欲出不得，又不得食，乃探雀彀而食之[③]，三月余，遂饿死沙丘宫。《诗》曰："流言以对，寇攘式内。"言不善之从内出也。

颂曰：吴女苕颜，神寤赵灵。既见嬖近，惑心乃生。废后兴戎，子何是成。主闭沙丘，国以乱倾。

注释

①儽 lěi 然：颓丧的样子。

②吾属：我们这些人。夷：诛灭；灭族。

③鷇 kòu：待母喂食的幼鸟。

译文

赵灵吴女，号孟姚，是吴广的女儿，赵武灵王的王后。起初，赵武灵王娶了韩王的女儿为夫人，生下儿子章，立夫人为王后，立章为太子。后来赵武灵王做梦梦见了一个女子，鼓瑟歌唱道："美人啊艳丽动人，面容有若盛开的苕花，命运啊命运啊，恰逢天时而生，竟没人知道我。"第二天，武灵王喝酒喝得高兴，多次提到他所做的梦，想见到梦中的那个人。吴广听说后，就通过王后将自己的女儿孟姚送进宫中。孟姚长得很美，武灵王很宠爱她，简直离不开她，几年后，孟姚生下儿子何。孟姚多次在武灵王面前暗示王后有淫乱之心，太子没有慈孝之行，武灵王就废掉了王后和太子，立孟姚为惠后，立何为王，即惠文王。武灵王自号主父，把章封到了代地，号称安阳君。

四年后，赵惠文王召见群臣，安阳君来朝见，主父从旁边观察群臣宗室，见章一副颓丧的样子，反而要向弟弟称臣，心中很怜爱他。当时，惠后已经去世很久，主父对她的恩情也已衰退，于是他想要将赵国一分为二，让章在代地称王，这个想法还没决定就中止了。

主父在沙丘宫游玩，章率领众人作乱，李兑便率四个城邑的军队攻打章，章逃到了主父那里，主父紧闭宫门。李兑于是就继续包围了沙丘宫。杀死了章之后，李兑与手下人商量道:“因为章而围困主父,即使解除武装,我们这些人也会被灭族。”于是就继续包围主父，主父想要出去也不行，又找不到吃的，只好掏鸟雀充饥，三个多月后,就饿死在沙丘宫。《诗经》中说:“谣言到处飞,盗寇在宫中。”这是说祸乱都是从内部引发的。

颂说：赵灵吴女容貌美丽，神意感应赵武灵王。受到宠爱，便生惑乱之心。废了王后引发战争，她的儿子何得以继位。主父在沙丘紧闭宫门，国家动荡衰败。

楚考李后

楚考李后者，赵人李园之女弟[①]，楚考烈王之后也。初，考烈王无子，春申君患之，李园为春申君舍人[②]，乃取其女弟与春申君，知有身[③]，园女弟乘间谓春申君曰[④]："楚王之贵幸君，虽兄弟不如。今君相楚三十余年，而王无子，即百岁后[⑤]，将立兄弟，即楚更立君后，彼亦各贵其所亲，又安得长有宠乎？非徒然也，君用事久，多失礼于王兄弟。王兄弟诚立，祸且及身，何以保相印、江东之封乎？今妾知有身矣，而人莫知，妾之幸君未久，诚以君之重而进妾于楚王，楚王必幸妾，赖天有子男，则是君之子为王也，楚国尽可得，孰与身临不测之罪乎？"春申君大然之，乃出园女弟，谨舍之，言之考烈王。考烈王召而幸之，遂生子悼，立为太子，园女弟为后，而李园贵用事，养士欲杀春申君以灭口。及考烈王死，园乃杀春申君，灭其家。悼立，是为幽王。后有考烈王遗腹子犹立，是为哀王。考烈王弟公子负刍之徒闻知幽王非考烈王子，疑哀王，乃袭杀哀王及太后，尽灭李园之家，而立负刍为王。五年而秦灭之。《诗》云："盗言孔甘，乱是用餤[⑥]。"此之谓也。

颂曰：李园女弟，发迹春申。考烈无子，果得纳身。知重而入，遂得为嗣。既立畔本[⑦]，宗族灭弑。

注释

①女弟：妹妹。

②舍人：官名。左右亲近之官。

③有身：谓妇女怀孕。

④乘间：趁机。

⑤百岁：死的讳称。

⑥倓 tán：进食，引申为增进、加剧。

⑦畔：通“叛”，背叛。

译文

楚考李后，是赵国人李园的妹妹，楚考烈王的王后。起初，考烈王没有儿子，春申君很担忧此事，李园是春申君的舍人，就把自己的妹妹送给了春申君。知道自己怀孕后，李园的妹妹趁机对春申君说：“楚王对您的宠爱，即使是兄弟也比不上。如今你担任楚国的相国已经三十多年，可楚王没有儿子，他死后，会由他的兄弟继承王位。楚国新立国君后，新的君王会宠幸自己亲近的人，你又怎么能长久地受到宠爱呢？而且，你当权这么多年，对君王的兄弟多有得罪。如果他的兄弟真的当上了君王，你就会大祸临头，还能保住相印和江东的封地吗？现在我知道自己怀孕了，但别人还不知道，我来你这里时间不长，假如你以你的身份地位将我进献给楚王，楚王必然会宠爱我，老天保佑我生个男孩，那将来就是你的儿子当上了君王，楚国尽归你所有，这与面临难以预料之罪，哪一个更有利呢？”

春申君认为她说得很对，于是就让她离开家单独住，并将她进献给考烈王。考烈王召见并临幸了她，不久她生下儿子悼，被立为太子，李园的妹妹被立为王后，李园因此显贵并专权，他培养武士想要杀了春申君以灭口。等到考烈王死去，李园就杀了春申君，灭了他的全族。悼即位，即幽王。后来考烈王的遗腹子犹即位，即哀王。考烈王的弟弟公子负刍等人听说幽王不是考烈王的儿子，就怀疑哀王也不是，于是就杀了哀王和太后，灭了李园全族，而立负刍为王。五年后，楚国就为秦国所灭。《诗经》中说：“小人说话甜蜜蜜，祸乱因此增加。”说的就是这个意思。

颂说：李园的妹妹，通过春申君得宠。考烈王无子，她果然被召入宫中。知道有孕才进宫，于是儿子得以继嗣王位。背叛国家之根本，宗族全都被灭。

赵悼倡后

倡后者，赵悼襄王之后也。前日而乱一宗之族。既寡，悼襄王以其美而取之。李牧谏曰："不可。女之不正，国家所以覆而不安也。此女乱一宗，大王不畏乎？"王曰："乱与不乱，在寡人为政。"遂娶之。初，悼襄王后生子嘉，为太子。倡后既入为姬，生子迁。倡后既嬖幸于王，阴谮后及太子于王，使人犯太子而陷之于罪。王遂废嘉而立迁，黜后而立倡姬为后。及悼襄王薨，迁立，是为幽闵王。倡后淫佚不正，通于春平君，多受秦赂，而使王诛其良将武安君李牧。其后秦兵径入，莫能距，迁遂见虏于秦，赵亡。大夫怨倡后之谮太子及杀李牧，乃杀倡后而灭其家，共立嘉于代。七年，不能胜秦，赵遂灭为郡。《诗》云："人而无礼"，"不死胡俟？"此之谓也。

颂曰：赵悼倡后，贪叨无足。隳废后适，执诈不悫。淫乱春平，穷意所欲。受赂亡赵，身死灭国。

译文

倡后，是赵悼襄王的王后。在嫁给赵悼襄王之前，她就已经扰乱了一个宗族。成为寡妇之后，悼襄王见她貌美想要娶她。李牧劝谏道："不可以。女子行为不正，国家就会不安稳甚至覆亡。这个女人已经毁掉了一个宗族，大王您不害怕吗？”悼襄王说：“乱与不乱，在于我如何执政。”于是就娶了她。

起初，悼襄王后生了儿子嘉，立为太子。倡后入宫被封为姬，生下儿子迁。倡后得到悼襄王的宠爱，私下里在悼襄王面前诬陷王后和太子，让人陷害太子而使之获罪。于是悼襄王就废了太子嘉而立迁为太子，废黜王后而立倡姬为后。在悼襄王死了后，迁即位，即幽闵王。

倡后淫佚无度，与春平君私通，经常接受秦国的贿赂，让幽闵王杀了良将武安君李牧。之后秦军直入赵国，无人能抵御敌军，幽闵王被秦军俘虏，赵国灭亡。赵国的大夫们怨恨倡后诬陷太子和杀了李牧，于是就杀了倡后，灭了她全家，拥立嘉在代地为王。七年后，赵国还是不能战胜秦军，灭亡后成为秦国的一个郡。《诗经》中说：“人没有礼仪”，“不去死还在等什么？”说的就是这个意思。

颂说：赵悼襄王的王后，贪婪无度。废了王后和太子，她欺诈不诚实。与春平君私通，为所欲为。接受贿赂，使赵国灭亡，她也被杀身亡。

图书在版编目（CIP）数据

古列女传译注 /（西汉）刘向著；绿净译注．—北京：北京联合出版公司，2015.7（2023.8重印）

ISBN 978-7-5502-3917-3

Ⅰ.①古… Ⅱ.①刘… ②绿… Ⅲ.①妇女－名人－列传－中国－古代②《古列女传》－译文③《古列女传》－注释 Ⅳ.①K828.5

中国版本图书馆CIP数据核字（2015）第143699号

古列女传译注

作　　者：（西汉）刘向
译　　注：绿　净
出 品 人：赵红仕
选题策划：梁明德　邵鹏军
责任编辑：王　巍
特约编辑：刘文硕
封面设计：格林文化
版式设计：格林文化

北京联合出版公司出版
（北京市西城区德外大街83号楼9层　100088）
天津丰富彩艺印刷有限公司　新华书店经销
字数141千字　960毫米×640毫米　1/16　印张23
2015年9月第1版　2023年8月第3次印刷
ISBN 978-7-5502-3917-3
定价：53.00元